Jenny Mohr

Die Versorgung des Gesellschafter-Geschäftsführers einer GmbH 2008

Mohr, Jenny

Die Versorgung des Gesellschafter-Geschäftsführers einer GmbH 2008

1. Auflage 2008 | ISBN: 978-3-86741-054-0

© CT Salzwasser-Verlag GmbH & Co. KG, 2008. Alle Rechte vorbehalten.

Die Deutsche Bibliothek verzeichnet diesen Titel in der Deutschen Nationalbib-
liografie. Bibliografische Daten sind unter http://dnb.ddb.de verfügbar.

Inhaltsverzeichnis

Abkürzungsverzeichnis

abzgl.	abzüglich
AltEinkG	Alterseinkünftegesetz
APrO	Ausbildungs- und Prüfungsordnung
ArEV	Arbeitsentgeltverordnung
AVmG	Altersvermögensgesetz
a.F.	alte Fassung
BAG	Bundesarbeitsgericht
BBG	Beitragsbemessungsgrenze in der gesetzlichen Rentenversicherung
BetrAVG	Betriebsrentengesetz
BFH	Bundesfinanzhof
BMF	Bundesfinanzministerium
bzw.	beziehungsweise
d.h.	das heißt
EStG	Einkommensteuergesetz
EUR	Euro
f.	folgende
ff.	fortfolgende
GG	Grundgesetz
GGF	Gesellschafter-Geschäftsführer
gKV	gesetzliche Krankenversicherung
GmbH	Gesellschaft mit beschränkter Haftung
gRV	gesetzliche Rentenversicherung
HGB	Handelsgesetzbuch
Hrsg.	Herausgeber
i.S.d.	im Sinne des
i.V.m.	in Verbindung mit
KStG	Körperschaftsteuergesetz
KStR	Körperschaftsteuerrichtlinien
LStDV	Lohnsteuer- Durchführungsverordnung
Mio.	Millionen
Mrd.	Milliarden
n.F.	neue Fassung

o.g.	oben genannt
PSVaG	Pensions-Sicherungs-Verein auf Gegenseitigkeit
Rn	Randnummer
S.	Seite
SGB	Sozialgesetzbuch
u.a.	unter anderem
VAG	Versicherungsaufsichtsgesetz
Vgl.	vergleiche
z.B.	zum Beispiel
zzgl.	zuzüglich

1 Einleitung

Jahrelang war die Bevölkerung der Annahme, dass die Beiträge zur gesetzlichen Rentenversicherung (gRV) ausreichen, um vollkommen für das Ruhestandsalter vorzusorgen. Acht von zehn Personen in Westdeutschland und fast die gesamte Bevölkerung in den neuen Bundesländern greifen nach dem Erwerbsleben auf die gesetzlichen Rentenleistungen zurück.[1]

Die gRV ist umlagefinanziert, d.h. gemäß § 153 (1) SGB VI, dass die Ausgaben eines Kalenderjahres durch die Einnahmen des gleichen Kalenderjahres und, soweit erforderlich, durch Einnahmen aus der Schwankungsreserve gedeckt werden.[2]

Durch die steigende Lebenserwartung und die abnehmende Geburtenrate ist dieses System langfristig nicht mehr finanzierbar. Weitere Probleme ergeben sich aus der abnehmenden Lebensarbeitszeit, dem späten Einstieg ins Erwerbsleben durch längere Ausbildungszeiten und die frühere Inanspruchnahme der Rentenleistungen. Die hohe Anzahl der Arbeitslosen bewirkt eine weitere sehr große Finanzierungslücke in der gRV. Die Auswirkungen des demographischen Wandels werden durch den Strukturwandel zusätzlich verstärkt[3] und dies hat einen weiteren Anstieg des Altersquotienten zur Folge. Der Altersquotient stellt das Verhältnis der potentiellen Leistungsbezieher zu den potentiellen Beitragszahlern dar.[4]

---

[1] Gigl, Markus, Wid, Bernd, Modelle der betrieblichen Altersversorgung, Ein Leitfaden für Unternehmen und deren Berater, 5. überarbeitete und aktualisierte Auflage, Deutscher Sparkassen Verlag GmbH, Stuttgart, S.5f.
[2] Ernst&Young, VDR, M&L Gesellschaft für Versicherungsmathematik mbH, Ratgeber zur Altersvorsorge, Rentenreform 2004 und Alterseinkünftegesetz, 2.Auflage, Stollfuß, S.51f.
[3] Gigl, Wid, S.7.
[4] Ernst&Young, S.51f.

Der Gesetzgeber hat mit der Verabschiedung des Altersvermögens-gesetzes (AVmG) auf das Finanzierungsproblem des gesetzlichen Alterssicherungssystems reagiert. Durch diese grundlegende Reform des gesetzlichen Rentenversicherungssystems wurde die kapitalgedeckte Altersvorsorge gefördert und die betriebliche Altersversorgung gleichzeitig gestärkt.[5]

Dem Bürger bleibt es freigestellt, wie er seine durch die gesetzgeberischen Maßnahmen entstandenen Versorgungslücken im Alter schließt.[6]

Arbeitnehmern wurde durch das Betriebsrentengesetz (BetrAVG) mit Wirkung ab 01.01.2002 das Recht zur Entgeltumwandlung in der betrieblichen Altersversorgung eingeräumt. Hier verzichtet der Arbeitnehmer für die Zukunft auf Entgeltansprüche und erhält dafür eine wertgleiche Versorgung.[7]

Im Vergleich zu einer privaten Vorsorge, die aus versteuertem Einkommen aufgebaut werden muss, steht deutlich mehr Geld für die Versorgung zur Verfügung, da bis zu vier Prozent der Beitragsbemessungsgrenze in der gRV (BBG) steuer- und bis Ende 2008 sozialversicherungsfrei sind. Der erhebliche Renditevorteil der betrieblichen Altersversorgung gegenüber privaten Vorsorgeinstrumenten ergibt sich aus dem Zinseffekt und dem meist im Ruhestandsalter deutlich niedrigerem Steuersatz.[8]

Durch das Alterseinkünftegesetz (AltEinkG), das zum 01.01.2005 in Kraft getreten ist, sind die Unterschiede der Besteuerung in den verschiedenen Altersversorgungen weitgehend beseitigt worden. Die nachgelagerte Besteuerung, wie sie aus der betrieblichen Altersver-

---

5 Gigl, Wid, S.9.
6 Gigl, Wid, S.11.
7 Ernst&Young, S.224.
8 Gigl, Wid, S.48.

sorgung bekannt ist, wird schrittweise auf die gRV übernommen. Nachgelagerte Besteuerung bedeutet, dass die Beiträge zu der Altersvorsorge steuerfrei sind und die Leistungen daraus vollständig besteuert werden. Dies führt zur Steuerentlastung in der Ansparphase und zur vollen Steuerpflicht in der Leistungsphase.

Renten die ab dem Jahr 2005 aus der gRV geleistet werden, sind nicht mehr mit dem Ertragsanteil, sondern in voller Höhe zu besteuern.[9]

Jeder Arbeitnehmer sollte das Ziel haben, den erreichten Lebensstandard auch nach dem Erwerbsleben aufrecht zu erhalten. Der Versorgungsbedarf wird meist am letzten Nettoeinkommen vor dem Ruhestand gemessen. Die Notwendigkeit einer ergänzenden Altersvorsorge zur Absicherung der Lebenshaltung ist somit unabdingbar.

---

[9] Buttler, Andreas, Einführung in die betriebliche Altersversorgung mit allen Änderungen durch das Alterseinkünftegesetz, 4.neu bearbeitete und erweiterte Auflage, Verlag Versicherungswirtschaft GmbH, Karlsruhe 2005, Rn.18.

2 Grundlagen der betrieblichen Altersversorgung

2.1 Definition der betrieblichen Altersvorsorge

Unter dem Begriff „Betriebliche Altersversorgung" werden gemäß § 1 (1) S.1 BetrAVG alle Leistungen der Alters-, Invaliditäts- und Hinterbliebenenversorgung verstanden, die einem Arbeitnehmer aus Anlass seines Arbeitsverhältnisses zugesagt werden.

Ferner liegt eine betriebliche Altersversorgung vor, wenn Personen, die nicht Arbeitnehmer sind, solche Leistungen aus Anlass ihrer Tätigkeit für ein Unternehmen zugesagt bekommen (§ 17 (1) S.2 BetrAVG).[10]

Der Zweck der versprochenen Leistungen muss immer die Versorgung des Arbeitnehmers beim Ausscheiden aus dem Erwerbsleben sein.

Die betriebliche Altersvorsorge kann über einen externen Durchführungsweg finanziert werden oder unmittelbar über den Arbeitgeber erfolgen.[11]

2.2 Hinterbliebenenversorgung

Eine Versorgung im Todesfall des Arbeitnehmers wird steuerlich nur als betriebliche Altersversorgung anerkannt, wenn die Leistungen an steuerlich anerkannte Hinterbliebene geleistet werden. Unter den Hinterbliebenenbegriff fallen folgende Personen:

- Witwe/Witwer des Arbeitnehmers
- Kinder im Sinne des § 32 (3) und (4) EStG

---

[10] Gigl, Wid, S.5f.
[11] Buttler, Rn.01.

- Frühere Ehegatten des Arbeitnehmers

- Lebenspartner, sowohl von eheähnlichen Lebensgemeinschaften wie auch von gleichgeschlechtlichen Lebenspartnerschaften

Die Vererblichkeit von Ansprüchen aus einer betrieblichen Altersversorgung ist somit an andere als die genannten steuerschädlich. Ein einmaliges Sterbegeld führt jedoch nicht zur Untersagung der betrieblichen Altersvorsorge. Zu beachten ist, dass im Falle der Pauschalbesteuerung von Beiträgen einer Direktversicherung nach § 40b EStG a.F. es unschädlich ist, wenn eine beliebige Person als Bezugsberechtigte für den Fall des Todes des Arbeitnehmers benannt wird.[12]

2.3 Durchführungswege

Die betriebliche Altersversorgung wird in fünf Formen unterschieden:

- Pensionskasse

- Direktversicherung

- Pensionsfonds

- Unterstützungskasse

- Pensionszusage

---

[12] Sprenger, Steuerer, Hartmann, Rambach, Goebel, GmbH aktuell 2005, WRS Verlag, Auflage 2005, (im Folgenden zitiert als „Sprenger u.a."), S.95f und BMF-Schreiben vom 17.November 2004 –IV C 4-S 2222-177/04-/-IV C 5-S 3333- 269/04, Rn.157ff.

2.3.1 Pensionskasse

Der Begriff der Pensionskasse wird in § 1b (3) BetrAVG definiert. Die Pensionskasse ist eine rechtlich selbstständige Versorgungseinrichtung, die der Versicherungsaufsicht unterliegt. Der Verwaltungsaufwand wird vollständig vom Versicherungsunternehmen für das Unternehmen übernommen. Aus den Beiträgen und Erträgen baut die Pensionskasse einen Kapitalstock auf, von dem die späteren Leistungen finanziert werden.

Die Pensionskasse gehört zu den mittelbaren, externen Durchführungswegen. Es besteht eine Beziehung zwischen der Pensionskasse, dem Arbeitgeber und dem Arbeitnehmer.[13] Versicherungsnehmer ist hierbei der Arbeitgeber, der Beiträge zur Pensionskasse leistet und versicherte Person ist der Arbeitnehmer, der einen Rechtsanspruch auf die Leistungen der Pensionskasse hat.

Die Pensionskasse ist vergleichbar mit einer Lebensversicherung. Als wesentlichen Unterschied sieht die Bundesanstalt für Finanzdienstleistungsunternehmen die Tatsache, dass Pensionskassen ein Institut der betrieblichen Altersversorgung sind und demzufolge ihre Leistungen Lohnersatzcharakter haben müssen.[14]

2.3.2 Direktversicherung

Bei einer Direktversicherung schließt das Unternehmen eine Lebensversicherung auf das Leben seines Arbeitnehmers ab. Der Arbeitnehmer oder seine Hinterbliebenen sind hierbei ganz oder teilweise bezugsberechtigt (§ 1b (2) BetrAVG).

---

[13] Haufe Verlag, Praxishandbuch, Betriebliche Altersversorgung, Heft 1/2005, Gruppe 4 S.30.
[14] Haufe, Heft 1/2005, Gruppe 4 S.28.

Es besteht auch hier ein Dreiecksverhältnis zwischen dem Arbeitgeber, dem Arbeitnehmer und der Versicherungsgesellschaft. Der Versicherungsnehmer und Beitragszahler ist das Unternehmen und versicherte Person der Arbeitnehmer. Der Arbeitnehmer hat hier einen Rechtsanspruch auf die Leistungen gegen die Versicherungsgesellschaft.

2.3.3 Pensionsfonds

Der Pensionsfonds ist eine rechtsfähige Versorgungseinrichtung, die im Wege des Kapitaldeckungsverfahrens Altersversorgung für Arbeitnehmer eines oder mehrerer Arbeitgeber erbringt (§ 1b (3) BetrAVG i.V.m. § 112 (1) VAG).

Der Arbeitgeber, der Arbeitnehmer und der Pensionsfonds stehen in einem Dreiecksverhältnis zueinander. Der Arbeitgeber leistet die Beiträge zum Pensionsfonds und zusätzlich, als Unterschied zur Pensionskasse, zum Pensionssicherungsverein. Der Arbeitnehmer hat einen Rechtsanspruch auf die Leistungen gegen den Pensionsfonds.[15]

Seit dem 01.01.2002 ist der Pensionsfonds als fünfter Durchführungsweg möglich. Es handelt sich um eine vereinfachte Art der Lebensversicherung, der der Aufsicht durch die Bundesanstalt für Finanzdienstleistungsaufsicht unterliegt und für den die Bestimmungen des Versicherungsaufsichtsgesetzes gelten (§ 113 VAG). Die Auflagen im Vergleich zu einem Lebensversicherungsunternehmen sind hier erheblich geringer, da grundsätzlich eine Anlage zu 100% in Aktien möglich ist. Zu beachten ist jedoch, dass das Ziel einer möglichst großen Sicherheit und Rentabilität bei ausreichender Li-

---

[15] Anlage 4, Grundlagen der betrieblichen Altersversorgung, Pensionsfonds, Funktionsweise.

quidität unter Wahrung einer angemessenen Mischung und Streuung erhalten bleibt. Durch die Anlage des Pensionsfonds in Fonds, kann das spezielle Risikoprofil eines Arbeitnehmers abgedeckt werden. Dies ist vergleichbar mit einer fondsgebundenen Lebensversicherung.[16]

2.3.4 Unterstützungskasse

Die Unterstützungskasse ist eine rechtsfähige Versorgungseinrichtung, die betriebliche Altersversorgung durchführt. Die Definition hierfür findet sich in § 1b (4) BetrAVG wieder. Der Arbeitnehmer hat keinen Rechtsanspruch gegen die Unterstützungskasse auf die ihm zugesagten Leistungen, jedoch steht der Arbeitgeber für die Erbringung der zugesagten Leistungen ein, so genannt Einstandspflicht.

Der Arbeitgeber und die Unterstützungskasse stehen in einem Auftragsverhältnis zueinander, d.h. der Arbeitgeber wird Mitglied in der Unterstützungskasse und entrichtet Beiträge bzw. Zuwendungen an diese. Inhalt des Auftragsverhältnisses ist die Erbringung der zugesagten Leistungen vom Arbeitgeber an den Arbeitnehmer.

Die Unterstützungskassen teilen sich in die rückgedeckten und die nicht rückgedeckten Unterstützungskassen auf. Eine steuerliche Ausfinanzierung ist nur bei der rückgedeckten Unterstützungskasse möglich.[17] Hierbei werden die zu erbringenden Leistungen bei einem Lebensversicherungsunternehmen in einer steuerlich zugelassenen Form durch die Unterstützungskasse rückversichert. Eine weitgehende Finanzierung der Leistungen ist bereits in der Anwart-

---

[16] Haufe, Heft 1/2005, Gruppe 4 S. 45f.
[17] Haufe, Grundwerk, Gruppe 4 S.53.

schaftszeit möglich.[18] Die nicht rückgedeckte Unterstützungskasse wird nicht in der Anwartschaftszeit voll ausfinanziert. Das Unternehmen bildet hier ein Reservepolster in Höhe von zwei Jahresrenten. Die fehlenden Mittel werden erst nach Rentenbeginn zugewendet.[19]

2.3.5 Pensionszusage

Unter einer Pensionszusage versteht man gemäß § 1 (1) BetrAVG eine Versorgungszusage auf Alters-, Invaliditäts- oder Hinterbliebenenleistungen des Arbeitgebers gegenüber seinem Arbeitnehmer. Hierbei erhält der Arbeitnehmer einen unmittelbaren und direkten Anspruch gegenüber dem Arbeitgeber. Es besteht somit nur eine Rechtsbeziehung zwischen Arbeitgeber und Arbeitnehmer. Die Pensionszusage wird deshalb oft auch als unmittelbare Versorgungszusage oder Direktzusage bezeichnet.[20]

Weitere Ausführungen hierzu siehe Punkt 4.

2.4 Finanzierungsmöglichkeiten

In der betrieblichen Altersversorgung erfolgt grundsätzlich eine Vorausfinanzierung der späteren Versorgungsleistung durch eine Ansammlung der Mittel während der aktiven Dienstzeit des Berechtigten. Die Ansammlung erfolgt je nach Wahl des Durchführungsweges innerhalb des Unternehmens bei der Pensionszusage oder

---

[18] Haufe, Grundwerk, Gruppe 4 S.58.
[19] Gigl, Wid, S.33.
[20] Beck, Hans-Joachim, Henn, Ralf, Pensionszusage-richtig gemacht, Treffpunkt-Media-Verlag, 1.Auflage, S.1.

außerhalb bei der Pensionskasse, der Direktversicherung, des Pensionsfonds oder der Unterstützungskasse.[21]

Die betriebliche Altersversorgung kann von einer reinen Arbeitnehmerfinanzierung über eine gemeinsame Finanzierung durch den Arbeitgeber und Arbeitnehmer bis hin zu einer ausschließlichen Arbeitgeberfinanzierung erfolgen.[22]

2.5 Gesetzliche Grundlagen

2.5.1 Geltungsbereich

Die Bestimmungen des BetrAVG gelten gemäß § 17 für alle Arbeitnehmer und alle Auszubildenden. Außerdem für Nicht-Arbeitnehmer, die überwiegend für ein Unternehmen tätig sind und denen eine Alters-, Invaliditäts- oder Hinterbliebenenversorgung aus Anlass ihrer Tätigkeit zugesagt worden ist.

2.5.2 Gleichbehandlungsgrundsatz

Dem Arbeitgeber ist es untersagt, einzelne Personen oder Gruppen in seinem Betrieb ohne einen sachlichen Grund von einer betrieblichen Altersversorgung auszuschließen oder zu benachteiligen.[23]

Der Gleichbehandlungsgrundsatz nach Artikel 3 Grundgesetz (GG) verbietet arbeitsrechtlich die sachfremde Unterscheidung zwischen

---

[21] Haufe, Grundwerk, Gruppe 3 S.9.
[22] Wallau, F., Paffenholz, G., Der mittelständische bAV-Kunde, in Drols, Wolfgang (Hrsg.), Handbuch betriebliche Altersversorgung, Gabler Verlag, 2., aktualisierte und erweiterte Auflage, Wiesbaden, 2005, S.21f.
[23] Anlage 4, Grundlagen der betrieblichen Altersversorgung, Gesetzliche Rahmenbedingungen, Einführung in das Betriebsrentengesetz.

Mitarbeitern eines Betriebes nach bestimmten Merkmalen. Die Gruppenbildung muss sachlich berechtigt sein.[24]

2.5.3 Zusagearten

In der betrieblichen Altersversorgung lässt sich zwischen drei Zusagearten unterscheiden:

- Beitragsorientierte Leistungszusage

- Leistungszusage

- Beitragszusage mit Mindestleistung

Beitragsorientierte Leistungszusage

Der Arbeitgeber verpflichtet sich, bestimmte Beiträge in eine Anwartschaft auf Alters-, Invaliditäts- oder Hinterbliebenenversorgung einzubezahlen. Der Beitragsaufwand wird nach einem vorgegebenen Berechnungsmodus in eine Versorgungsleistung umgewandelt. Der Arbeitnehmer wird darüber informiert, wie der Versorgungsaufwand betrieben wird.

Leistungszusage

Der Arbeitgeber sagt dem Arbeitnehmer eine klar definierte Leistung unabhängig vom erforderlichen Finanzierungsaufwand zu, z.B. 1000 EUR Monatsrente oder 15 EUR pro Dienstjahr. Für die Sicherstellung der späteren Leistungserbringung ist der Arbeitgeber zuständig.[25]

---

[24] ständige Rechtsprechung des BAG, vgl. BAGE 78, 288 = AP Nr. 24 zu § 1 BetrAVG Gleichbehandlung; Urteil vom 9. Dezember 1997 - 3 AZR 355/96 -, zur Veröffentlichung vorgesehen, www.jurawelt.com/gerichtsurteile/sonstige/arbeitsrecht/bag/1750.
[25] Haufe, Grundwerk, Gruppe 3 S.27ff.

Beitragzusage mit Mindestleistung

Die dem Arbeitnehmer zugesagten Beiträge werden zur Finanzierung von Leistungen angelegt. Es wird hierbei planmäßig ein Deckungskapital aufgebaut. Bei Erreichen der Altersgrenze erhält der Arbeitnehmer die Leistung, die sich aus dieser Kapitalanlage einschließlich der Zinserträge ergibt.[26] Der Arbeitgeber steht für die Summe der zugesagten Beiträge ein. Es ergibt sich somit eine Leistung aus mindestens der Summe der eingezahlten Beiträge (ohne Zins) abzgl. der Beiträge für die Absicherung der biometrischen Risiken. Die Beitragszusage mit Mindestleistung kann nur bei den Durchführungswegen Pensionskasse, Direktversicherung und Pensionsfonds angewendet werden.

2.5.4 Rechtsanspruch auf Entgeltumwandlung

Unter Entgeltumwandlung wird gemäß § 1 (2) Nr.3 BetrAVG die Umwandlung von künftigen noch nicht fälligen Entgeltansprüchen in eine wertgleiche Anwartschaft auf Versorgungsleistungen verstanden. Seit dem 01.01.2002 hat jeder Arbeitnehmer, der in der gRV pflichtversichert ist, einen Anspruch auf Entgeltumwandlung gemäß § 1a BetrAVG.

Der Arbeitnehmer kann von seinem Arbeitgeber verlangen, dass bis zu vier Prozent der BBG von seinem Arbeitsentgelt für den Aufbau einer betrieblichen Altersversorgung verwendet werden.[27] Aller-

---

[26] Kisters-Kölkes, Margret, Arbeitsrecht und betriebliche Altersversorgung durch Entgeltumwandlung, S.59-98, erschienen in Drols, Wolfgang (Hrsg.), Handbuch betriebliche Altersversorgung, Gabler Verlag, 2., aktualisierte und erweiterte Auflage 2005, (im Folgenden zitiert als „Kisters-Kölkes"), S.71.
[27] Haufe, Grundwerk, Gruppe 3 S.30f.

dings muss der Arbeitnehmer mindestens 1/160 der Bezugsgröße (§ 18 SGB IV) umwandeln.[28]

Durch das AltEinkG wurde der § 1a BetrAVG um den Absatz 4 erweitert. Der Arbeitnehmer hat dadurch die Möglichkeit seine bestehende betriebliche Altersversorgung bei vorübergehendem Entgeltausfall mit eigenen Mitteln fortzusetzen und die nötigen Beiträge hierfür selbst aufzubringen.[29]

2.5.5 Unverfallbarkeit

Die Unverfallbarkeit regelt, ab welchem Zeitpunkt einer Betriebszugehörigkeit zugesagte Leistungen aus der betrieblichen Altersversorgung einem Arbeitnehmer auch tatsächlich zustehen.

2.5.5.1 Unverfallbarkeit dem Grunde nach

Durch das AVmG wurde die gesetzliche Regelung für die Unverfallbarkeit geändert.

Für Zusagen vor dem 01.01.2001 muss der Arbeitnehmer für die Unverfallbarkeit des Versorgungsanspruchs 35 Jahre alt sein und die Zusage muss zehn Jahre bestanden haben oder zwölf Jahre zum Betrieb gehören und die Zusage muss drei Jahre bestanden haben.

Bei Zusagen die ab dem 01.01.2001 getroffen werden, tritt die Unverfallbarkeit von Anwartschaften nach Vollendung des 30.Lebensjahres ein, wenn die Zusage mindestens fünf Jahre bestanden hat (§ 1b (1) BetrAVG). Bei Versorgungszusagen die durch Entgeltumwandlung finanziert werden, tritt die gesetzliche Unverfallbarkeit nach § 1b (5) BetrAVG sofort ein.

---

[28] Ebenda, Heft 2/2004, Gruppe 3 S. 122.
[29] Sprenger u.a., S.12.

Gemäß § 30f BetrAVG gilt für Zusagen vor dem 01.01.2001 die alte Regelung weiter. Durch diese Übergangsregelung werden jedoch Altzusagen unverfallbar, wenn die Zusage ab dem 01.01.2001 fünf Jahre besteht und der Berechtigte das 30. Lebensjahr vollendet hat.[30]

Die Versorgungsanwartschaft verfällt endgültig und ohne sonstigen Wertausgleich, wenn das Arbeitsverhältnis beendet wird, ohne dass die genannten Unverfallbarkeitsvoraussetzungen erfüllt sind.[31]

2.5.5.2 Unverfallbarkeit der Höhe nach

Ein ausgeschiedener Arbeitnehmer, dem eine unverfallbare Anwartschaft zusteht, hat einen Teilanspruch auf die ihm ursprünglich zugesagten Versorgungsleistungen. Die Berechnung ist abhängig von der Art der Zusage und dem gewählten Durchführungsweg. Die Höhe der unverfallbaren Anwartschaft ergibt sich aus § 2 BetrAVG.

Bei einer *Leistungszusage* hat der Arbeitnehmer einen Anspruch nach § 2 (1) BetrAVG. Bei dem ratierlichen Verfahren, m/n-tel-Verfahren, pro-rata-temporis-Verfahren oder Quotierungsverfahren wird der zugesagte Vollanspruch vermindert, in dem Verhältnis der tatsächlich erbrachten Dienstzeit zur insgesamt möglichen Dienstzeit. Diese Berechnung ist grundsätzlich für jeden Durchführungsweg zulässig.[32]

Bei einer Pensionskasse oder einer Direktversicherung hat der Arbeitgeber einseitig das Recht das *versicherungsvertragliche Verfahren*

---

[30] Beck, Hans-Joachim, Pensionszusage, S.519-581, erschienen in Drols, Wolfgang (Hrsg.), Handbuch betriebliche Altersversorgung, Gabler Verlag, 2., aktualisierte und erweiterte Auflage 2005, (im Folgenden zitiert als „Beck"), S.564.
[31] Haufe, Grundwerk, Gruppe 3 S.38.
[32] Ebenda, S.42ff.

anzuwenden (§ 2 (2) und (3) BetrAVG). Es erfolgt hierbei eine Begrenzung auf den jeweiligen aktuellen Wert der Versicherung. Um den Arbeitnehmer zu schützen müssen folgende Voraussetzungen erfüllt sein:

- Spätestens drei Monate nach dem Ausscheiden des Arbeitnehmers muss diesem ein unwiderrufliches Bezugsrecht eingeräumt werden.

- Die Versicherung darf weder abgetreten noch beliehen sein.

- Alle Überschussanteile müssen ab Versicherungsbeginn zur Leistungserhöhung verwendet worden sein.

- Der Arbeitnehmer muss das Recht erhalten, die Versicherung mit eigenen Beiträgen fortzuführen.[33]

Bei einer *finanzierten Anwartschaft* handelt es sich um einen Anspruch, der aus den Finanzierungsbeiträgen bis zum Ausscheiden erreicht werden kann. Anwendung findet diese bei der Pensionszusage und Unterstützungskasse bei beitragsorientierten Leistungszusagen und im Rahmen einer Entgeltumwandlung. Die Zeiten der Betriebszugehörigkeit ohne Versorgungszusage werden hierbei nicht berücksichtigt. Diese Regelung gilt nur für Versorgungszusagen ab dem 01.01.2001.

Die zeitratierliche Berechnung kommt für beitragsorientierte Leistungszusagen und für Versorgungsanwartschaften aus Entgeltumwandlung, die vor dem 01.01.2001 erteilt wurden, weiterhin zur Anwendung.[34]

---

[33] De Backere, Rainer, Klemme, Gabriele, Die Direktversicherung, S.635-652, erschienen in Drols, Wolfgang (Hrsg.), Handbuch betriebliche Altersversorgung, Gabler Verlag, 2., aktualisierte und erweiterte Auflage 2005, (im Folgenden zitiert als „De Backere, Klemme"), S.649.
[34] Haufe, Grundwerk, Gruppe 3 S.45f.

Bei einer *Beitragszusage mit Mindestleistung* stehen dem Arbeitnehmer die bis zum Zeitpunkt des Ausscheidens aufgewendeten Beiträge zzgl. der bis zum Versorgungsfall darauf erzielten Erträge
zu.[35]

2.5.6 Abfindung

Das Abfindungsverbot wurde durch die Neuregelung des § 3
BetrAVG weiter verschärft. Die Möglichkeiten der Abfindung einer
unverfallbaren Anwartschaft bei Ausscheiden des Arbeitnehmers
sind folgende:

Es kann einseitig vom Arbeitgeber abgefunden werden, wenn es
sich gemäß § 3 (2) BetrAVG um eine Bagatellanwartschaft handelt.
Diese liegt vor, wenn bei Erreichen der Altersgrenze nur ein Anspruch von nicht mehr als einem Prozent der monatlichen Bezugsgröße des § 18 SGB IV zusteht. Kapitalleistungen dürfen 12/10 dieser monatlichen Bezugsgröße nicht übersteigen. Die Abfindung ist
unzulässig, wenn der Arbeitnehmer von seinem Recht auf Übertragung der Anwartschaft Gebrauch macht.

Bei einer Beitragsrückerstattung der gRV zugunsten des Arbeitnehmers, kann dieser auch die Abfindung verlangen (§ 3 (3)
BetrAVG). Eine Abfindung ist außerdem bei Insolvenz mit anschlie-
ßender Betriebseinstellung und Liquidierung des Unternehmens
durch den Arbeitgeber gemäß § 3 (4) BetrAVG möglich.[36]

Der Höhe nach muss die Abfindung dem Barwert der Versorgungsleistung entsprechen, der auf den Berechnungsgrundlagen der Ver-

---

[35] Meier, Karin, Finanzierungsrisiken des Arbeitgebers bei Versorgungszusagen, S.233-253, erschienen in Drols, Wolfgang (Hrsg.), Handbuch betriebliche Altersversorgung, Gabler Verlag, 2., aktualisierte und erweiterte Auflage
2005, (im Folgenden zitiert als "Meier"), S.247.
[36] Sprenger u.a., S.12f.

sicherungsmathematik ermittelt wird (§ 3 (5) i.V.m. § 4 (5) BetrAVG).[37] Nach § 30g (2) BetrAVG können Renten, die vor dem 01.01.2005 zu laufen begonnen haben, weiterhin abgefunden werden.[38]

2.5.7 Portabilität

Heute sind Arbeitnehmer in der Regel in ihrem Erwerbsleben für mehrere Arbeitgeber tätig und es soll vermieden werden, dass im Versorgungsfall aus einer Reihe von Zusagen Leistungen in geringer Höhe geleistet werden.[39]

Durch das AltEinkG wurde die Mitnahmemöglichkeit, die Übertragung von Anwartschaften in § 4 BetrAVG neu geregelt und erweitert. Die Portabilitätsregelung tritt nur ein, wenn beim Ausscheiden des Arbeitnehmers eine unverfallbare Anwartschaft auf eine betriebliche Altersversorgung besteht. Für die Mitnahme zu einem neuen Arbeitgeber gibt es gemäß § 4 (2) BetrAVG grundsätzlich zwei Möglichkeiten.

Die Versorgungsverpflichtung kann durch den neuen Arbeitgeber übernommen werden. Hierbei müssen sich der neue und der alte Arbeitgeber und der Arbeitnehmer einvernehmlich entscheiden. Der neue Arbeitgeber führt die bisherige Versorgung unverändert weiter und übernimmt die volle Haftung für die Zusage, der alte Arbeitgeber hat dadurch keinerlei Verpflichtungen mehr.

Zum anderen besteht die Möglichkeit, den Wert der Anwartschaft vom alten auf den neuen Arbeitgeber zu übertragen. Dies erfordert ebenso eine Vereinbarung zwischen dem alten und dem neuen Ar-

---

[37] Haufe, Heft 2/2004, Gruppe 3 S 50.
[38] Ebenda, S.138.
[39] Ebenda, S.131.

beitgeber und dem Arbeitnehmer. Der neue Arbeitgeber erteilt dem Arbeitnehmer eine wertgleiche Zusage, aber im Rahmen seines Versorgungssystems. Somit entstehen für ihn keine zusätzlichen Haftungsrisiken, da er sein Versorgungssystem nicht erweitern braucht.

Die neu erteilte Versorgungszusage ist mit sofortiger Wirkung unverfallbar und unterliegt dem sofortigen Insolvenzschutz, soweit der Übertragungswert die BBG nicht übersteigt.

Der ausgeschiedene Arbeitnehmer kann von seinem alten Arbeitgeber gemäß § 4 (3) BetrAVG einseitig verlangen, dass der Wert der Anwartschaft auf den neuen Arbeitgeber übertragen wird, d.h. er hat einen Rechtsanspruch auf eine Übertragung. Dies muss innerhalb eines Jahres nach Beendigung des Arbeitsverhältnisses geschehen. Außerdem muss es sich um eine Neuzusage handeln, die nach dem 31.12.2004 erteilt wurde. Die betriebliche Altersversorgung muss zudem in Form einer Pensionskasse, einer Direktversicherung oder eines Pensionsfonds durchgeführt worden sein und der Übertragungswert (§ 4 (5) BetrAVG) darf die BBG nicht überschreiten.[40]

2.5.8 Auskunftsanspruch

§ 4a BetrAVG besagt, dass bei einem berechtigten Interesse des Arbeitnehmers auf dessen Verlangen der Arbeitgeber bzw. der Versorgungsträger diesem schriftlich mitteilen muss, wie hoch die bisher erworbene unverfallbare Anwartschaft bei Erreichen der Altersgrenze und der Übertragswert bei einer Übertragung der Anwartschaft ist. Der neue Arbeitgeber bzw. der Versorgungsträger hat dem Arbeitnehmer auch mitzuteilen, in welcher Höhe ein Anspruch auf Altersversorgung aus dem Übertragungswert besteht.

---

[40] Sprenger u.a., S.13f.

2.5.9 Auszehrung und Anrechnung

Nach § 5 (1) BetrAVG besteht ein Auszehrungsverbot für laufende Leistungen aus der betrieblichen Altersversorgung. Dies bedeutet, dass dem Arbeitnehmer die festgesetzten Leistungen beim Eintritt des Versorgungsfalles nicht mehr gemindert oder entzogen werden dürfen. Sie sind stets in voller Höhe zu leisten.

Das Anrechnungsverbot nach § 5 (2) BetrAVG regelt die Anrechnung von Versorgungsleistungen bei der erstmaligen Festsetzung von Leistungen aus der betrieblichen Altersversorgung. Die Leistungen dürfen nicht durch Anrechnung oder Berücksichtigung anderer Versorgungssysteme gekürzt werden, soweit sie auf eigenen Beiträgen des Versorgungsempfängers beruhen.

2.5.10 Vorzeitige Altersleistung

Ein Arbeitnehmer, der eine Altersrente aus der gRV als Vollrente vor Vollendung des 65.Lebensjahres erhält, kann auch eine Leistung der betrieblichen Altersversorgung vorzeitig in Anspruch nehmen, wenn die Leistungsvoraussetzungen hierfür erfüllt sind (§ 6 BetrAVG). Bei Einstellung oder Teilauszahlung der gesetzlichen Rentenleistung, können auch die Leistungen aus der betrieblichen Altersversorgung eingestellt werden.

2.5.11 Insolvenzsicherung

Die betriebliche Altersversorgung stellt für den Arbeitnehmer nur ein tatsächliches Versorgungssystem dar, wenn er die versprochenen Leistungen auch mit ausreichender Sicherheit erhält. Der Pensions-Sicherungs-Verein auf Gegenseitigkeit (PSVaG) wurde deshalb mit der Einführung des Betriebsrentengesetzes gegründet. Er ist der gesetzliche Träger der Insolvenzsicherung in Deutschland. Bei einer

Insolvenz des Arbeitgebers gewährleistet der PSVaG die betriebliche Altersversorgung nach den Vorschriften der §§ 7-15 BetrAVG. Der PSVaG ist mit hoheitlichen Aufgaben versehen und unterliegt der Aufsicht des Bundesaufsichtsamtes für das Versicherungswesen. Voraussetzung für die Eintrittspflicht des PSVaG ist stets die Insolvenz des Arbeitgebers.[41]

Die Unterstützungskasse, die Pensionszusage und der Pensionsfonds sind sicherungspflichtige Durchführungswege. Sie unterliegen generell und uneingeschränkt der gesetzlichen Insolvenzsicherung.

Pensionskassen stellen keinen sicherungspflichtigen Durchführungsweg dar, da es sich um eine externe Versorgungseinrichtung in Form einer Versicherungsgesellschaft handelt. Sie sind dazu verpflichtet, gemäß § 54 VAG ihr Vermögen so anzulegen, dass möglichst große Sicherheit und Rentabilität bei jederzeitiger Liquidität des Versicherungsunternehmens unter Wahrung angemessener Mischung und Streuung erreicht wird. Da die Pensionskasse der Aufsichtsbehörde unterliegt und diese regelmäßige Kontrollen zur Einhaltung der Grundsätze durchführt, sieht der Gesetzgeber die Sicherheit als ausreichend an.[42]

Direktversicherungen sind nur dann insolvenzgefährdet, wenn lediglich ein widerrufliches Bezugsrecht besteht oder bei einem unwiderruflichen Bezugsrecht eine Abtretung oder Beleihung erfolgt ist.

---

[41] Haufe, Heft 2/2004, Gruppe 3 S.78f.
[42] Schmitz, Jöns-Peter, Laurich, Martin, Die Pensionskasse-ein weiterhin sehr attraktiver Durchführungsweg der betrieblichen Altersversorgung, S.655-689, erschienen in Drols, Wolfgang (Hrsg.), Handbuch betriebliche Altersversorgung, Gabler Verlag, 2., aktualisierte und erweiterte Auflage 2005, (im Folgenden zitiert als „Schmitz, Laurich"), S.683.

In den Geltungsbereich des Insolvenzschutzes fallen Arbeitnehmer denen eine Versorgungsleistung zugesagt worden ist. Vom gesetzlichen Insolvenzschutz sind aber auch diejenigen erfasst, die zwar keine Arbeitnehmer nach der gesetzlichen Definition sind, denen aber aus Anlass ihrer Tätigkeit für das Unternehmen eine Versorgungsleistung gewährt wird.[43]

Anspruchsberechtigt sind Versorgungsempfänger und Hinterbliebene, die bereits eine Leistung aus der betrieblichen Altersversorgung beziehen und Versorgungsanwärter mit unverfallbaren Anwartschaften.

Der Arbeitgeber ist zur Beitragsentrichtung an den PSVaG gemäß § 10 BetrAVG verpflichtet, sobald eine unverfallbare Anwartschaft bei einem Arbeitnehmer besteht. Der Insolvenzschutz tritt bei einer arbeitnehmerfinanzierten Zusage bis zu vier Prozent der BBG sofort ein. Wenn diese jedoch über vier Prozent liegt, entsteht erst zwei Jahre nach Zusageerteilung Beitragspflicht zum PSVaG und somit tritt der Insolvenzschutz auch erst dann ein. Bei einer arbeitgeberfinanzierten betrieblichen Altersversorgung muss der Arbeitgeber erst nach Unverfallbarkeit Beiträge entrichten und der Insolvenzschutz ist ab diesem Zeitpunkt gewährleistet.

Der PSVaG leistet für unverfallbare Anwartschaften, laufende Versorgungsleistungen und Kapitalleistungen nur bis zu bestimmten Höchstgrenzen. Diese sind in § 7 (3) BetrAVG geregelt. Die Grenze beträgt das Dreifache der im Zeitpunkt der ersten Rentenfälligkeit geltenden monatlichen Bezugsgröße nach § 18 SGB IV und bei Kapitalleistungen 1/10 der Leistung als Jahresrente.[44]

---

[43] Haufe, Heft 2/2004 Gruppe 3 S.85.
[44] Haufe, Heft 2/2004, Gruppe 3 S.86f.

Für die Anpassungsverpflichtung, die dem Arbeitnehmer unmittelbar oder mittelbar zugesagt worden ist, muss der PSVaG einstehen. Eine Anpassungsprüfung nach § 16 (1) BetrAVG wird allerdings nicht durchgeführt.[45]

Durch die neuen Portabilitätsregelungen ist es erforderlich, dass das übertragene Kapital beim neuen Arbeitgeber sofort insolvenzgeschützt ist. Durch § 7 (5) S.3 BetrAVG wird der Umfang der Einstandspflicht auf die Höhe des Übertragungswertes begrenzt.[46]

2.5.12 Anpassungsprüfungspflicht

In § 16 BetrAVG ist geregelt, dass der Arbeitgeber alle drei Jahre eine Anpassungsprüfung bei laufenden Leistungen durchführen muss. Die Entscheidung vom Arbeitgeber wird nach billigem Ermessen vorgenommen. Hierbei sind die wirtschaftliche Lage des Unternehmens und die Interessen und Belange des Versorgungsempfängers zu berücksichtigen.

Seit dem 01.01.1999 gilt eine Anpassungsprüfungsverpflichtung als erfüllt, wenn die Anpassung mindestens so hoch ist, wie der Anstieg des Verbraucherindexes in Deutschland oder der Nettolöhne vergleichbarer Arbeitnehmergruppen des Unternehmens (§ 16 (2) BetrAVG).

Sie entfällt sogar ganz, wenn sich der Arbeitgeber gemäß § 16 (3) BetrAVG zu einer jährlichen Anpassung von mindestens einem Prozent der laufenden Leistung verpflichtet oder wenn bei einer Direktversicherung oder Pensionskasse ab Rentenbeginn alle Überschussanteile zur Erhöhung der laufenden Leistung verwendet werden. Außerdem bei einer Beitragzusage mit Mindestleistung.

---

[45] Kisters-Kölkes, S.95f.
[46] Haufe, Heft 2/2004, Gruppe 3 S.86f.

Der Gesetzgeber hat in § 16 (5) BetrAVG festgelegt, dass Leistungen, die auf Entgeltumwandlung beruhen, durch den Arbeitgeber jährlich um mindestens ein Prozent anzupassen sind oder bei Direktversicherungen oder Pensionskassen sämtliche Überschussanteile zur Dynamisierung der Rentenleistung verwendet werden.

2.6 Steuerliche Rahmenbedingungen

2.6.1 Förderung nach § 3 Nr.63 EStG

Mit dem AltEinkG leitet der Gesetzgeber den generellen Übergang zur nachgelagerten Besteuerung in der betrieblichen Altersversorgung ein.

Für Zusagen ab dem 01.01.2005 gilt, dass Beiträge für Pensionskassen, Direktversicherungen und Pensionsfonds gemäß § 3 Nr.63 EStG für den Arbeitnehmer steuerfrei sind, wenn die Beiträge für eine kapitalgedeckte Altersversorgung verwendet werden, eine Rente oder ein Auszahlungsplan als Auszahlungsform vorgesehen ist und die Beiträge aus einem ersten Dienstverhältnis stammen. Außerdem kann ein Kapitalwahlrecht, eine Kapitalzahlung von 30% des Altersvorsorgekapitals, eine gesonderte Auszahlung der Zinsen in der Leistungsphase und eine Abfindung von Kleinrenten von bis zu einem Prozent der monatlichen Bezugsgröße gemäß § 18 SGB IV vereinbart werden.

Steuerfrei sind Beiträge ab 2005 für Pensionskassen, Direktversicherungen und Pensionsfonds bis zu vier Prozent der BBG und ein Erhöhungsbetrag von bis zu 1800 EUR.[47] Der steuerfreie Betrag von

---

[47] Ebenda, Das AltEinkG, Eckdaten des AltEinkG, Ansparphase (bAV).

1800 EUR wurde zum Ausgleich des Pauschalisierungsvolumens von 1752 EUR des § 40b EStG in § 3 Nr.63 EStG aufgenommen.[48]

Um den Höchstbetrag des § 3 Nr.63 EStG voll auszuschöpfen, muss eine Neuzusage ab dem 01.01.2005 vorliegen. Dies ist der Fall, wenn eine Versorgungszusage erstmalig erteilt wird, eine bestehende Zusage um biometrische Risiken ergänzt und eine Beitragserhöhung vorgenommen wird und wenn im Rahmen eines Arbeitgeberwechsels der Übertragungswert der bestehenden Versorgungszusage bei einer Versorgungszusage des neuen Arbeitgebers einfließt. Die Voraussetzungen für die Steuerfreiheit der Beiträge gelten sowohl für Alt-, als auch für Neuzusagen. Eine Überprüfung bestehender Zusagen ist somit unumgänglich.

Versorgungsleistungen, die sich aus Beiträgen ergeben, die nach § 3 Nr.63 EStG steuerfrei waren, sind bei Bezug der Leistungen in voller Höhe nach § 22 Nr.5 EStG zu versteuern.[49]

Beiträge, die das Unternehmen an die Pensionskasse, die Direktversicherung und den Pensionsfonds leistet, können als Betriebsausgaben geltend gemacht werden. Da der Arbeitnehmer oder seine Hinterbliebenen bezugsberechtigt sind, ist der Wert nicht dem Betriebsvermögen des Unternehmens hinzuzurechnen und somit ist keine Aktivierung in der Bilanz erforderlich. Liegt jedoch eine teilweise Berechtigung des Arbeitgebers vor, handelt es sich hierbei um Betriebsvermögen, das gegebenenfalls zu aktivieren ist.[50]

Die Zuwendungen an die Unterstützungskasse stellen beim Unternehmen Betriebsausgaben dar, wenn die Vorschriften des EStG be-

---

[48] Sprenger u.a., S.92.
[49] Sprenger u.a., S.94f.
[50] De Backere, Klemme, S.640f.

achtet werden. Sie mindern somit den steuerlichen Gewinn und damit auch die steuerliche Belastung des Unternehmens.

Die Zahlungen des Arbeitgebers an die Unterstützungskasse führen beim Arbeitnehmer nicht zu einem lohnsteuerlichen Zufluss. Erst die Rentenleistung wird im Zeitpunkt der Auszahlung vom Versorgungsempfänger gemäß § 19 EStG voll versteuert. Einmalige Kapitalauszahlungen sind ebenfalls als Einkünfte aus nichtselbstständiger Arbeit zu versteuern. Hier kann jedoch die so genannte „Fünftelungsregelung" nach § 34 EStG angewendet werden. Somit wird die sehr hohe steuerliche Belastung gemindert.[51]

2.6.2 Lohnpauschalisierung nach § 40b EStG

Bei den Durchführungswegen Direktversicherung und Pensionskasse besteht die Möglichkeit, die Beiträge mit einer pauschalen Lohnsteuer zu versteuern.

Die Beiträge für eine Direktversicherung, die bis zum 31.12.2004 abgeschlossen wurde, können gemäß § 40b EStG a.F. pauschal versteuert werden. Die Pauschalsteuer beträgt 20% zzgl. dem Solidaritätszuschlag und der Kirchensteuer. Für die Pauschalbesteuerung gilt der Höchstbetrag von 1752 EUR.

Es ist für Direktversicherungen, die bis zum 31.12.2004 zugesagt worden sind, zu prüfen, ob die Zusage den Anforderungen des § 3 Nr.63 EStG in der Fassung des AltEinkG entspricht. Genügt die Direktversicherung in ihrer Ausgestaltung den Vorschriften des AltEinkG, hatte bzw. hat der Arbeitnehmer die Möglichkeit zu wäh-

---

[51] Kreutz, Johannes, Die Unterstützungskasse in der betrieblichen Altersversorgung, S.583-608, erschienen in Drols, Wolfgang (Hrsg.), Handbuch betriebliche Altersversorgung, Gabler Verlag, 2., aktualisierte und erweiterte Auflage 2005, (im Folgenden zitiert als „Kreutz"), S.595f.

len, ob er weiterhin die Direktversicherung nach § 40b EStG a.f. versteuern möchte oder eine Steuerfreistellung seiner Beiträge nach § 3 Nr.63 EStG wünscht. Um weiterhin die Pauschalversteuerung zu nutzen, musste der Arbeitnehmer bis zum 30.06.2005 oder muss bei einem Arbeitgeberwechsel vor der ersten Beitragszahlung eine Verzichtserklärung gegenüber seinem Arbeitgeber abgeben, ansonsten wurde direkt ab dem 01.07.2005 die Steuerfreistellung angewendet. Entspricht die Zusage den Anforderungen des § 3 Nr.63 EStG nicht, wird automatisch weiterhin die Pauschalversteuerung nach § 40b EStG a.f. durchgeführt und die Steuerfreistellung der Beiträge kann nicht genutzt werden kann. Der zusätzliche Höchstbetrag von 1.800 EUR kann hier nicht in Anspruch genommen werden.[52]

Bei Altzusagen der Pensionskasse kann der Arbeitnehmer zusätzlich zu den steuerfreien Beiträgen nach § 3 Nr.63 EStG die pauschale Lohnbesteuerung nach § 40b EStG a.f. weiterhin in Anspruch nehmen. Der steuerfreie Höchstbetrag von vier Prozent der BBG ist aber zunächst voll auszuschöpfen.[53] Der zusätzliche Höchstbetrag kann hier nicht genutzt werden, da es sich um keine Neuzusage handelt.[54]

§ 40b EStG n.f. gilt nur noch für Zuwendungen zum Aufbau einer betrieblichen Altersversorgung an eine Pensionskasse, die im Umlageverfahren finanziert wird. Dies ist unabhängig davon, ob die Beiträge auf einer Alt- oder Neuzusage beruhen.[55]

Resultieren die Leistungen aus pauschalversteuerten Beiträgen und wurde der Vertrag vor dem 01.01.2005 abgeschlossen, unterliegen

---

[52] Haufe, Heft 2/2004, Gruppe 3 S.131.
[53] Buttler, Rn.338.
[54] Schmitz, Laurich, S.668f.
[55] BMF-Schreiben vom 17.November 2004, Rn. 207ff.

Rentenzahlungen der Ertragsanteilbesteuerung nach § 22 EStG und Kapitalleistungen werden in der Regel steuerfrei ausbezahlt.[56]

Für Verträge die ab dem 01.01.2005 abgeschlossen wurden, werden Kapitalleistungen teilweise steuerpflichtig. Lebenslange Renten werden weiterhin mit dem Ertragsanteil besteuert.[57]

2.7 Sozialversicherungsrechtliche Rahmenbedingungen

Nach § 2 (2) Nr.5 ArEV werden steuerfreie Beträge bis zu vier Prozent der BBG und nach Nr.6 steuerfreie Versorgungsanwartschaften durch den Pensionsfonds nicht dem Arbeitsentgelt hinzugerechnet und sind somit nicht sozialabgabenpflichtig. Beiträge aus Entgeltumwandlung sind jedoch nur bis Ende 2008 hiervon befreit.

Für pauschalversteuerte Beiträge nach § 40b EStG a.f. gilt dieselbe Regelung. Beitragsleistungen an Direktversicherungen und Pensionskassen, die nach 2005 noch pauschal versteuert werden, bleiben ebenfalls sozialversicherungsfrei. Dies gilt allerdings nur, wenn die Beiträge aus Sonderzahlungen finanziert werden.[58]

Die Versorgungsleistungen aus der betrieblichen Altersversorgung sind in der Renten- und in der Arbeitslosenversicherung beitragsfrei.

Laufende Renten sind in der gesetzlichen Krankenversicherung (gKV) beitragspflichtig, wenn der Rentner in dieser pflichtversichert ist.[59]

---

[56] De Backere, Klemme, S.642f.
[57] Buttler, Rn.201f.
[58] Schmitz, Laurich, S.670.
[59] Buttler, Rn.209f.

3 GmbH-Gesellschafter-Geschäftsführer

Der Gesellschafter-Geschäftsführer einer GmbH (GGF) hat eine Sonderstellung im Bereich der betrieblichen Altersversorgung. Er hat eine Doppelfunktion in der GmbH inne. Er ist zugleich Unternehmer und Arbeitnehmer. Deshalb gelten für ihn in vielen Fällen besondere Regelungen.

Der GGF besitzt Anteile einer GmbH und arbeitet entweder allein oder zusammen mit anderen GGF als Geschäftsführer für eine GmbH. Er leitet als Organ des Unternehmens den Betrieb.[60]

Die Gehälter eines GGF liegen meist weit über der BBG und es besteht entweder kein oder nur ein geringer Anspruch auf Leistungen der gRV. Je weiter das Einkommen über der BBG liegt, desto größer ist die Versorgungslücke des GGF, da diese Gehaltsteile keine Ansprüche aus der gRV begründen. Der Bedarf an eigenfinanzierter Vorsorge ist daher höher als bei „normalen" Arbeitnehmern.

Um für das Ruhestandsleben optimal vorzusorgen, bietet sich für den GGF die betriebliche Altersversorgung an. Alle fünf Durchführungswege können hier in Betracht gezogen werden.

3.1 Status

Der GGF muss Kapitalanteile besitzen und in einem Anstellungsverhältnis stehen. Ein Dienstvertrag zwischen der GmbH und dem GGF muss vorliegen, damit die zugesagte betriebliche Versorgung steuerlich wirksam ist. Dieser soll klar und eindeutig vereinbart sein und Regelungen über die Zahlung des Entgelts enthalten.

---

[60] Poppelbaum, Eberhard, 100 Fragen zur privaten und betrieblichen Versorgung des GGF/GF und seiner Angehörigen, 4.Auflage, Verlag Versicherungswirtschaft Karlsruhe 2002, S.5.

Es gelten unterschiedliche Regelungen für einen beherrschenden und einen nicht beherrschenden GGF. Dieser Status muss immer vor Erteilung einer Versorgungszusage geklärt werden. Die Beurteilung ist jedoch nicht immer einheitlich und muss im Sozialversicherungs-, Arbeits- und Steuerrecht getrennt betrachtet werden.

3.1.1 Sozialversicherungsrechtliche Beherrschung

Der beherrschende GGF steht gemäß § 2 (2) Nr.1 i.V.m. § 7 SGB IV nicht in einem abhängigen Beschäftigungsverhältnis und ist nicht als Arbeitnehmer anzusehen. Demnach ist er von der Sozialversicherungspflicht befreit.[61]

Die beherrschende Stellung kann sich aus der Höhe der Kapitalbeteiligung oder dem maßgebenden Einfluss auf das Unternehmen ergeben. Ein Anteil von mindestens 50% des Stammkapitals der Gesellschaft führt bei einem GGF sofort zu einer beherrschenden Stellung und somit zur Sozialversicherungsfreiheit.

Ein maßgebender Einfluss des GGF liegt vor, wenn er aufgrund seiner Gesellschaftsanteile Beschlüsse verhindern kann (Sperrminorität) und keine Entscheidungen ohne ihn getroffen werden können.

Sozialversicherungsfreiheit kann auch vorliegen, wenn folgende Merkmale des GGF überwiegen:

- Der GGF ist vom Selbstkontrahierungsverbot nach § 181 BGB befreit, d.h. das Recht mit sich selbst Verträge abzuschließen wird aufgehoben. Dies erfolgt im Gesellschafterbeschluss und wird im Handelsregister eingetragen.

- Der GGF besitzt allein die notwendigen Fähigkeiten und Kenntnisse, die zur Führung der GmbH notwendig sind.

---

[61] Haufe, Grundwerk, Gruppe 5 S.7.

- Der GGF ist nicht weisungsgebunden und entscheidet frei über die eigene Arbeitskraft, den Arbeitsort und die Arbeitszeit.

3.1.2 Arbeitsrechtliche Beherrschung

§ 17 BetrAVG besagt, dass Unternehmer, die von ihrem eigenem Unternehmen eine betriebliche Altersversorgung erhalten, nicht in den begünstigten Personenkreis des Betriebsrentengesetzes zählen.

Eine beherrschende Stellung liegt im Sinne des Arbeitsrechts vor, wenn der GGF alleine oder mit anderen GGF zusammen mehr als 50% der Kapital- oder Stimmrechtsanteile besitzt. „Unbedeutende Beteiligungen", die weniger als zehn Prozent betragen, werden nach der Rechtsprechung hierbei nicht berücksichtigt.[62]

Nimmt der GGF im arbeitsrechtlichen Sinne eine beherrschende Stellung ein, wird er nicht als Arbeitnehmer angesehen und Arbeitnehmerschutzgesetze können nicht angewendet werden, d.h. das BetrAVG gilt nicht.[63]

3.1.3 Steuerrechtliche Beherrschung

Eine steuerrechtlich beherrschende Stellung des GGF liegt vor, wenn er mehr als 50% der Stimmrechte hält. Der GGF gilt als beherrschend im steuerlichen Sinne, sobald er den Abschluss eines Rechtsgeschäftes durchsetzen kann.

Eine Zusammenrechnung von Beteiligungen mehrerer Minderheitsgesellschaftern, die jeweils unter 50% liegen, kann auch zu einer Be-

---

[62] Haufe, Grundwerk, Gruppe 5 S.7f.

[63] Stubben, Hans-Dieter, GGF-Versorgung in der betrieblichen Altersversorgung, S.455-494, erschienen in Drols, Wolfgang (Hrsg.), Handbuch betriebliche Altersversorgung, Gabler Verlag, 2., aktualisierte und erweiterte Auflage 2005, (im Folgenden zitiert als „Stubben") , S.462.

herrschung von jedem GGF führen. Es müssen jedoch die gleichen Interessen der jeweiligen Gesellschafter vorliegen und zusammen sollen die Beteiligungen mehr als 50% betragen.[64]

Im Sinne des Steuerrechts wird der GGF als Arbeitnehmer betrachtet und seine Einkünfte sind als Entgelt aus nichtselbstständiger Arbeit zu versteuern.[65]

3.2 Sozialversicherungsrecht

Ein nach dem Sozialrecht geltender beherrschender GGF ist in der Sozialversicherung nicht pflichtversichert.

Somit ist der GGF kein Pflichtmitglied in der gKV und in der Pflegeversicherung. Da sich der Beitrag der gKV nach dem Einkommen richtet, kann sich ein Vorteil des GGF, je nach Familienstand, als freiwilliges Mitglied der gKV gegenüber einer privaten Krankenversicherung ergeben.

Die Möglichkeit der freiwilligen Versicherung ist in der Arbeitslosenversicherung nicht möglich. Auch wenn der GGF Beiträge an diese aufgrund des Glaubens auf das Vorliegen der Versicherungspflicht gezahlt hat, wird von der Bundesanstalt für Arbeit kein Arbeitslosengeld geleistet. Beiträge, die zu Unrecht entrichtet worden sind, können bis zu vier Jahre zurückerstattet werden.

Für beherrschende und somit sozialversicherungsfreie GGF, die zu Unrecht Beiträge an die gRV geleistet haben, besteht die Möglichkeit diese in freiwillige Beiträge umzuwandeln oder eine Rückerstattung der gesamten Beitragsentrichtung zu verlangen.[66]

---

[64] Haufe, Grundwerk, Gruppe 5 S.9.
[65] Anlage 5, 2).
[66] Stubben, S.465ff.

3.3 Arbeitsrecht

Der beherrschende GGF fällt als Unternehmer nicht unter den Schutz des BetrAVG und somit sollten wichtige Regelungen schriftlich vereinbart werden, damit die Sicherheit der betrieblichen Altersversorgung gewährleistet ist. Die vertraglichen Regelungen lehnen sich meist an die Vorschriften des BetrAVG an.[67]

3.3.1 Unverfallbarkeit

Für nicht beherrschende GGF gilt die Regelung des § 1b (1) BetrAVG, wonach eine Unverfallbarkeit der Anwartschaft nach Vollendung des 30. Lebensjahres eintritt, wenn die Versorgungszusage fünf Jahre bestanden hat. Bei Gehaltsumwandlungen tritt die gesetzliche Unverfallbarkeit nach § 1b (5) BetrAVG sofort ein.

Da der beherrschende GGF nicht unter die Regelung des BetrAVG fällt, müssen für diesen vertragliche Vereinbarungen über unverfallbare Ansprüche getroffen werden. Durch die Regelungen der Finanzverwaltung ist es zulässig eine sofortige Unverfallbarkeit der Ansprüche zu vereinbaren.

Die Höhe der unverfallbaren Ansprüche sind jedoch durch das steuerliche Rückwirkungsverbot gegenüber dem § 2 BetrAVG eingeschränkt und sind dementsprechend vertraglich zu regeln.

Es ist nur zulässig zu vereinbaren, dass die Dienstjahre nach Erteilung der Versorgungszusage zur Berechnung der Höhe der Anwartschaft berücksichtigt werden. Diese tatsächlich geleisteten Dienstjahre sind ins Verhältnis zu der Anzahl der Dienstjahre zwischen

---

[67] Buttler, Rn.376ff.

Erteilung der Zusage und dem vereinbarten Pensionsalter zu setzen.[68]

3.3.2 Vorzeitiges Ausscheiden

Scheidet der GGF vor Eintritt des Versorgungsfalles mit einer unverfallbaren Anwartschaft aus, so hat er folgende Möglichkeiten:

- Fortführung der betrieblichen Altersversorgung durch Finanzierung mit eigenen Beiträgen oder durch einen neuen Arbeitgeber

- Beitragsfreistellung der Zusage beim alten Arbeitgeber bis zum Pensionierungszeitpunkt

- Abfindung der Versorgung durch die Zahlung eines einmaligen Geldbetrages bzw. durch die Übertragung auf sich selbst (beim beherrschenden GGF kann dies unbegrenzt erfolgen; beim nicht beherrschenden GGF sind die Grenzen des § 3 BetrAVG einzuhalten und es besteht die Möglichkeit der Übertragung auf den neuen Arbeitgeber)

- Abschreibung der Anwartschaft

3.3.3 Insolvenzschutz

Bei den Durchführungswegen Pensionskasse, Direktversicherung und Pensionsfonds erhält der GGF im Normalfall im Versicherungsvertrag ein unwiderrufliches Bezugsrecht auf die Leistung der betrieblichen Altersversorgung. Dieses Recht wird durch die Insolvenz der Kapitalgesellschaft nicht beeinflusst, da das Vermögen nicht in die Insolvenzmasse des Unternehmens fließt.

---

[68] Beck, S.564ff.

Die Pensionszusage und die Unterstützungskasse fallen nicht unter diese Regelung. Der nicht beherrschende GGF fällt unter den gesetzlichen Insolvenzschutz nach §§ 7ff. BetrAVG, der jedoch nur zur Anwendung kommt, wenn gesetzliche Unverfallbarkeit der Anwartschaft zum Insolvenzzeitpunkt besteht.

Der beherrschende GGF kann den gesetzlichen Insolvenzschutz nicht in Anspruch nehmen. Er kann auch nicht durch vertragliche Vereinbarungen den gesetzlichen Insolvenzschutz durch den PSVaG erreichen[69]. Der GGF sollte darauf bestehen, dass eine externe Vorausfinanzierung der von der Gesellschaft direkt übernommenen Versorgungsverpflichtungen erfolgt und gleichzeitig eine Sicherung der Zusage vorgenommen wird. Es besteht die Möglichkeit eine Rückdeckungsversicherung für die Pensionszusage und die Unterstützungskasse abzuschließen und diese an den GGF zu verpfänden. Eine Rückdeckungsversicherung ist eine von der Gesellschaft auf das Leben des GGF abgeschlossene Lebensversicherung, deren Leistungen der Gesellschaft bei Eintritt des Versorgungsfalles zustehen. Sie schafft dem beherrschenden GGF einen privatrechtlichen Insolvenzschutz. Die Verpfändung muss zu ihrer Wirksamkeit dem GGF angezeigt werden und die Gesellschaft sollte bei der Pfändungsvereinbarung ordnungsgemäß vertreten worden sein.[70] Zu beachten ist jedoch, dass das Pfandrecht den GGF nur soweit sichert, in dem der Wert des Sicherungsgegenstandes dem der Versorgungszusage entspricht.[71]

---

[69] Haufe, Grundwerk, Gruppe 5 S.52ff.
[70] Doetsch, Peter A., Versorgungszusagen an Gesellschafter-Geschäftsführer und Vorstände, 5., neu bearbeitete Auflage, Verlag Versicherungswirtschaft, Karlsruhe, 2004, S.22ff.
[71] Doetsch, S.25.

3.3.4 Anpassung laufender Leistungen

Gehört der GGF zum geschützten Personenkreis des BetrAVG, so sind seine Rentenleistungen gemäß § 16 BetrAVG alle drei Jahre auf eine eventuelle Anpassung zu überprüfen.

Der beherrschende GGF hat keinen Anspruch auf eine Anpassung seiner späteren Rentenleistungen. Es ist eine vertragliche Vereinbarung in die Vorsorgungszusage mit aufzunehmen, die eine entsprechende Regelung zur Anpassung beinhaltet. Eine Anlehnung an die Vorschrift des § 16 BetrAVG ist genauso wie eine feste jährliche Rentensteigerung möglich. Eine vorgenommene Anpassung, die nicht vertraglich vereinbart wurde, führt zu steuerlichen Problemen.[72]

3.4 Steuerrecht

3.4.1 Aus Sicht des GGF

3.4.1.1 Während der Anwartschaftszeit

Die Beiträge für die Pensionskasse, die Direktversicherung und den Pensionsfonds sind nach § 3 Nr.63 EStG bis zu vier Prozent der BBG lohnsteuer- und sozialversicherungsfrei. Bei Entgeltumwandlung besteht die Sozialversicherungsfreiheit nur bis Ende 2008. Der Aufstockungsbetrag von 1800 EUR kann für Zusagen ab dem 01.01.2005 steuerfrei genutzt werden.

Die Regelungen der oben angeführten Pauschalbesteuerung nach § 40b EStG gelten hier gleichermaßen. Für den GGF entsteht aus der Erteilung einer Versorgung durch eine Unterstützungskasse oder eine Pensionszusage keine Steuerpflicht.

---

[72] Buttler, Rn.378.

3.4.1.2 Im Leistungsfall

Die Leistungen der Pensionskasse, der Direktversicherung und des Pensionsfonds, die gemäß § 3 Nr.63 EStG steuerfrei belassen wurden, sind als sonstige Einkünfte nach § 22 Nr.5 EStG zu versteuern.

Auf die Besteuerung der Leistungen, deren Beiträge nach § 40b EStG pauschalbesteuert wurden, wird auf die Ausführungen im oberen Teil der Untersuchung verwiesen. Renten aus der Unterstützungskasse und der Pensionszusage werden als nachträgliche Einkünfte aus nichtselbstständiger Arbeit nach § 19 (2) EStG versteuert. Werden Versorgungsansprüche durch eine Kapitalzahlung abgefunden, unterliegt dieser Betrag gemäß § 39b (3) EStG der Lohnsteuer. Die so genannte „Fünftelungsregelung" nach § 34 EStG kann in Anspruch genommen werden.

3.4.2 Aus Sicht des Unternehmens

3.4.2.1 Während der Anwartschaftszeit

Die Beiträge für Pensionskassen, Direktversicherungen und Pensionsfonds sind bei dem Unternehmen als Betriebsausgaben abzugsfähig. Es erfolgt keine Aktivierung in der Bilanz.

Die Zuwendungen an die Unterstützungskasse stellen Betriebsausgaben dar. Eine Aktivierung wird in der Bilanz nicht vorgenommen.

Wurde eine Pensionszusage erteilt, muss das Unternehmen Pensionsrückstellungen in der Bilanz bilden. Diese Rückstellungen können ertragsteuerliche Finanzierungseffekte erzielen. Ist eine Rückdeckungsversicherung auf das Leben des Begünstigten abgeschlossen worden, sind die Beiträge als Betriebsausgaben abzugsfähig. Der Versicherungsanspruch ist in der Bilanz zu aktivieren.

3.4.2.2 Im Leistungsfall

Nur wenn Leistungen aus einer Pensionskasse, einer Direktversicherung oder einem Pensionsfonds zugunsten des Unternehmens fällig werden, erhöht sich der steuerpflichtige Gewinn.

Die Versorgungsleitungen der Unterstützungskasse wirken sich im Unternehmen steuerlich nicht aus, da sie direkt an den Berechtigten ausbezahlt werden. Durch die Erteilung einer Pensionszusage geht das Unternehmen Verpflichtungen ein. Tritt der vorzeitige Versorgungsfall, Tod oder Berufsunfähigkeit ein, müssen die Rückstellungen auf den Barwert der Verpflichtung aufgestockt werden. Verstirbt der Berechtigte ohne versorgungsberechtigte Hinterbliebene, ist die gebildete Rückstellung gewinnerhöhend aufzulösen, ohne dass eine Verteilungsmöglichkeit besteht.

Bei Eintritt des Versicherungsfalles sind der gebildete Aktivwert der Rückdeckungsversicherung und die Rückstellungen aufzulösen. Die Versicherungsleistung stellt eine Betriebseinnahme und die Leistungen an den GGF eine Betriebsausgabe dar.

3.5 Besondere steuerrechtlichen Voraussetzungen

Zur vollständigen Anerkennung einer betrieblichen Altersversorgung fordert das Steuerrecht bestimmte Voraussetzungen, die der GGF einer Kapitalgesellschaft erfüllen muss. Hierbei erfolgt bei den jeweiligen Kriterien eine Unterscheidung zwischen beherrschendem und nicht beherrschendem GGF und den verschiedenen Durchführungswegen.[73]

Altersvorsorgeaufwendungen werden nur steuerlich anerkannt, wenn sie betrieblich und nicht durch das Gesellschaftsverhältnis

---

[73] Haufe, Grundwerk, Gruppe 5 S.14.

veranlasst werden. Sind die Voraussetzungen hierfür nicht erfüllt, würde dies zu einer verdeckten Gewinnausschüttung führen. Somit müssten die als zu Unrecht abgezogenen Betriebsausgaben wieder zurückgeführt und der Betrag nachversteuert werden.[74] Wird die betriebliche Altersversorgung zwar dem Grunde nach steuerlich anerkannt, aber der Höhe nach nicht, wird nur der übersteigende Betrag wieder zurückgezogen.[75]

3.5.1 Zivilrechtliche Wirksamkeit und Schriftform

Um eine Nichtanerkennung der betrieblichen Altersversorgung zu vermeiden, ist die Befreiung vom Selbstkontrahierungsverbot des GGF gemäß § 181 BGB nötig. Somit kann der GGF mit sich selbst keine Verträge mehr abschließen. Es erfolgt eine Eintragung im Handelsregister.

Außerdem muss ein Gesellschafterbeschluss vorliegen, da die Erteilung einer betrieblichen Altersversorgung eine Änderung des Anstellungsvertrages des GGF mit sich bringt.

Die Schriftform der Zusage ist nur bei der Pensionszusage für die Pensionsrückstellungsbildung notwendig oder wenn der Anstellungsvertrag dies fordert.[76]

3.5.2 Ernsthaftigkeit

Dieses Kriterium ist nur für die Durchführungswege Unterstützungskasse und Pensionszusage erforderlich.

---

74 Buttler, Rn.392.
75 Haufe, Grundwerk, Gruppe 5 S.14.
76 Haufe, Grundwerk, Gruppe 5 S.17ff.

Eine Versorgungszusage wird nicht als ernsthaft angesehen, wenn der vereinbarte Rentenbeginn bei nicht beherrschenden GGF vor dem vollendeten 60.Lebensjahr liegt. Bei beherrschenden GGF muss ein Mindestpensionierungsalter von 65 Jahren vorliegen.

Außerdem spricht ein späterer Verzicht der Zusage ohne triftigen Grund für die mangelnde Ernsthaftigkeit. Es wird hier angenommen, dass die betriebliche Altersversorgung nur zum Schein erteilt wurde.[77]

3.5.3 Finanzierbarkeit

Der Barwert der künftigen Pensionsleistung am Ende des Wirtschaftsjahres darf bei einem unmittelbar nach dem Bilanzstichtag eintretenden Versorgungsfall, nach Berücksichtigung einer Rückdeckungsversicherung, nicht zu einer insolvenzrechtlichen Überschuldung in der Bilanz führen.

Die Prüfung der Finanzierbarkeit muss lediglich im Zeitpunkt der Pensionszusageerteilung bei einem beherrschenden GGF, bei einer wesentlichen Zusageänderung oder einer wesentlichen Verschlechterung der wirtschaftlichen Verhältnisse der Gesellschaft erfolgen.[78]

3.5.4 Üblichkeit von Probezeiten

Die Probezeitregelungen müssen nur bei der Unterstützungskasse und der Pensionszusage eingehalten werden. Der GGF soll sich erst eine gewisse Zeit im Betrieb bewähren. Somit wird sichergestellt, dass der GGF die Zusage aus Anlass seiner Tätigkeit zugesagt bekommt.

---

[77] Buttler, Rn.395.
[78] Haufe, Grundwerk, Gruppe 5 S.21.

Das BMF hält eine Probezeit von zwei bis drei Jahren bis zur Zusagerteilung als ausreichend. Kürzere Zeiträume sind möglich, wenn Vortätigkeiten des GGF in anderen Unternehmen mit angerechnet werden.

Für Neugründungen einer Kapitalgesellschaft sollen beherrschende und nicht beherrschende GGF eine Wartezeit von fünf Jahren bis zur Erteilung einer betrieblichen Altersversorgung einhalten. Hier wird mehr Wert auf die Beurteilung der künftigen wirtschaftlichen Entwicklung des Unternehmens, als auf die Fähigkeiten des GGF gelegt. Bei einer betrieblichen Altersversorgung, die über Entgeltumwandlung finanziert wird, ist keine Probezeit notwendig.[79]

3.5.5 Üblichkeit der Unverfallbarkeitsfristen

Die Unverfallbarkeitsfristen gelten dem Grunde nach für alle GGF. Der Höhe nach sind Unterschiede zu beachten.

Bei Entgeltumwandlung sind die Ansprüche der betrieblichen Altersversorgung sofort vom Zeitpunkt der Zusage an unverfallbar. Da der beherrschende GGF zwar nicht unter den Personenkreis des BetrAVG fällt, aber beim Vergleich mit einem betriebsfremden Geschäftsführer auch eine sofortige Unverfallbarkeit der Ansprüche eintreten würde, wird die vertraglich vereinbarte sofortige Unverfallbarkeit beim GGF steuerlich anerkannt.

Zur Berechnung der Höhe wird § 2 (5a) BetrAVG angewandt. Der zeitanteilige Anspruch wird aus den umgewandelten Entgeltbestandteilen vom Zusagezeitpunkt bis zum Ausscheidezeitpunkt errechnet.

---

[79] Ebenda, S.26f.

Bei einer arbeitgeberfinanzierten Zusage darf eine sofortige Unverfallbarkeit der Ansprüche nur vertraglich vereinbart werden, wenn bei einem vorzeitigem Ausscheiden des GGF der Anspruch ratierlich vermindert wird (m/n-tel Verfahren). Die Berechnung des ratierlichen Anspruchs wird unterschiedlich gehandhabt.

Nicht beherrschender GGF

m = Zeitraum zwischen Diensteintritt und vorzeitigem Ausscheiden

n = Zeitraum zwischen Diensteintritt und Pensionierungsalter

Beherrschender GGF

m = Zeitraum zwischen Zusagezeitpunkt und vorzeitigem Ausscheiden

n = Zeitraum zwischen Zusagezeitpunkt und Pensionierungsalter[80]

3.5.6 Nachzahlungsverbot

Damit eine betriebliche Altersversorgung steuerlich anerkannt wird, müssen alle Vereinbarungen zwischen der Gesellschaft und dem beherrschendem GGF im Voraus abgeschlossen werden. Es darf somit keine unverhältnismäßig hohe Steigerung der Versorgung während der Anwartschaft erteilt werden.[81]

3.5.7 Erdienbarkeit

Die Finanzverwaltung fordert für beherrschende GGF eine Frist von zehn Jahren, die zwischen Zusageerteilung und Rentenbeginn liegen soll. Der GGF darf außerdem das 60.Lebensjahr bei Zusageerteilung noch nicht vollendet haben, da eine Vereinbarung nur aner-

---

[80] Haufe, Grundwerk Gruppe 5 S.23ff.
[81] Ebenda, S.28f.

kannt wird, wenn das Pensionierungsalter bei höchstens 70 Jahren liegt. Der Pensionsberechtigte soll nach Erteilung der Zusage noch eine bestimmte Zeit für das Unternehmen tätig sein.

Für den nicht beherrschenden GGF verlangt die Finanzverwaltung eine Mindestrestdienstzeit von drei Jahren. Hier muss bei Rentenbeginn jedoch eine Betriebszugehörigkeit von zwölf Jahren vorliegen.[82]

3.5.8 Mindestalter für den Rentenbeginn

Bei der Pensionszusage und der Unterstützungskasse soll der Rentenbeginn des GGF nicht vor dem 65.Lebensjahr liegen.

Bei den anderen Durchführungswegen reicht die Vollendung des 60.Lebensjahres des GGF als Zeitpunkt des Rentenbeginns aus.[83]

Zur Berechnung der Pensionsrückstellungen legt die Finanzverwaltung bei beherrschenden GGF ein Pensionierungsalter von 65 Jahren fest.

3.5.9 Angemessenheit

Die Summe aller Vergütungen des GGF sollte angemessen sein. Dazu zählen alle Leistungen, die der GGF für seine aktive Tätigkeit im Unternehmen erhält. Außerdem wird der Wert der Versorgungszusage als fiktive Jahresnettoprämie mit einbezogen. Dieser Wert bemisst sich danach, welchen Betrag das Unternehmen an eine Versicherungsgesellschaft leisten müsste, um denselben Anspruch der Versorgungsleistung zu erhalten.

---

[82] Buttler, Rn.397.
[83] Haufe, Grundwerk, Gruppe 5 S.29f.

Zur Prüfung der gesamten Vergütungen des GGF wird entweder ein innerer oder ein äußerer Betriebsvergleich durchgeführt. Die Bezüge werden mit Gehältern von gleichgestellten Beschäftigten desselben Unternehmens oder einem vergleichbaren Unternehmen gegenübergestellt.

Zudem werden die Art und der Umfang der Tätigkeit des GGF zur Angemessenheitsprüfung betrachtet. Hier spielen die Größe, der Umsatz und die Zahl der Beschäftigten des Unternehmens eine entscheidende Rolle.

Eine verdeckte Gewinnausschüttung liegt bei der Angemessenheitsprüfung vor, wenn die Summe aller Vergütungen 20% der Angemessenheitsgrenze überschreitet.[84]

3.5.10 Überversorgung

Die Gesamtvergütung soll auch der Höhe nach angemessen sein. Das Verhältnis von derzeitigem Aktivgehalt und Ruhestandsbezügen darf zu keiner Überversorgung führen.

Dies ist der Fall, wenn die gesamten Altersvorsorgeleistungen zzgl. der Anwartschaften auf Altersleistungen aus der gRV höher als 75% der Aktivbezüge am jeweiligen Bilanzstichtag sind. Wird diese 75%-Grenze überschritten, gilt die erteilte Versorgungszusage der Höhe nicht als angemessen und der übersteigende Betrag als nicht betrieblich veranlasst. Es erfolgt eine Reduzierung der steuerlichen Vorteile bis zur Grenze.[85]

---

[84] Beck, S.561ff, BMF-Schreiben vom 14.Oktober 2002 –IV A 2–S 2742–62/02, Rn.10ff.
[85] Buttler, Rn.399.

3.5.11 „Nur-Pensionszusage"

Der beherrschende GGF kann auf ein laufendes Gehalt nicht vollständig verzichten und stattdessen nur eine Pensionszusage von dem Unternehmen erhalten. Begründet wird dies durch den BFH, dass bei einem Vergleich mit einem Fremdgeschäftsführer, dieser hierzu nicht bereit wäre. Der nicht beherrschende GGF könnte diese Möglichkeit der Entlohnung wählen.[86]

3.6 Mögliche Durchführungswege

Die Pensionskasse, die Direktversicherung und der Pensionsfonds sind für den GGF grundsätzlich als Grundstock der betrieblichen Altersversorgung geeignet. Der GGF hat hier die Möglichkeit diese mit anderen Durchführungswegen zu kombinieren.

Als Nachteil für den GGF ist zu sehen, dass die Beiträge der Höhe nach begrenzt sind und der GGF meist ein deutlich höheres Einkommen als die BBG bezieht. Außerdem kann er als Auszahlungsform keine Kapitalleistung wählen.

Für die GmbH stellen diese Durchführungswege aufgrund des geringen Verwaltungsaufwandes, der Auslagerung der Risiken auf das Versicherungsunternehmen und die nicht bestehende Bilanzausweispflicht eine attraktive Möglichkeit zur Grundabsicherung ihrer GGF dar.

Besonders wegen der hohen Rendite- und Ertragschancen stellt der Pensionsfonds einen lukrativen Weg der Grundversorgung dar.

Die Unterstützungskasse ist für Versorgungszusagen geeignet, bei denen die Beiträge im Rahmen des § 3 Nr.63 EStG nicht ausreichen.

---

[86] Haufe, Grundwerk, Gruppe 5 S.31f.

Die Zuwendungen zur Unterstützungskasse sind dadurch nicht begrenzt. Der GGF erhält durch die Verpfändung der Rückdeckungsversicherung einen Insolvenzschutz und hat dadurch eine Sicherheit für die Leistungen der betrieblichen Altersversorgung. Ein weiterer Vorteil ist, dass der GGF die Wahlmöglichkeit einer Kapitalleistung hat.

Die GmbH hat bei der Unterstützungskasse keine Pflicht zum Bilanzausweis. Die Versorgungsrisiken werden vom Betrieb auf die Unterstützungskasse übertragen. Dadurch besteht nur ein geringer Verwaltungsaufwand. Hingegen muss die GmbH hierfür ggf. ein Honorar an die Unterstützungskasse leisten.

Die Pensionszusage ist für alle GGF geeignet, da keine Begrenzung erfolgt und Kapitalleistungen als Auszahlungsform möglich sind. Zur Ausfinanzierung der Pensionsverpflichtungen und der Absicherung der Risiken Tod und Berufsunfähigkeit wird meist eine Rückdeckungsversicherung abgeschlossen.

Die GmbH kann durch die Rückdeckungsversicherung die Pensionszusage mit höherer Sicherheit kalkulieren und es besteht die Möglichkeit einer flexiblen Finanzierung. Der GGF erhält durch die Verpfändung der Rückdeckungsversicherung einen Insolvenzschutz.

Als Nachteil ist für die GmbH zu sehen, dass die Rückstellungsbildung in der Bilanz ausgewiesen werden muss. Außerdem ist für die Bildung der Rückstellungen die Einholung eines teuren versicherungsmathematischen Gutachtens erforderlich.

Der GGF kann somit alle fünf Durchführungswege der betrieblichen Altersversorgung wählen. Es müssen aber immer die Höchstgrenzen der Angemessenheit und der Überversorgung eingehalten werden.[87]

---

[87] Haufe, Grundwerk, Gruppe 5 S.45.

4 Pensionszusage

4.1 Allgemeines zur Pensionszusage

4.1.1 Begriff

Bei einer Pensionszusage verpflichtet sich der Arbeitgeber, eine Alters-, Hinterbliebenen- und/oder Invaliditätsversorgung an seinen Arbeitnehmer bzw. dessen Hinterbliebene zu leisten. Die zugesagten Leistungen muss der Arbeitgeber aus seinem Betriebsvermögen erbringen. Er ist Träger der Versorgung.

Es besteht somit ein Rechtsverhältnis zwischen dem Arbeitgeber und dem Arbeitnehmer. Der Arbeitnehmer hat auf die ihm versprochenen Versorgungsleistungen einen Rechtsanspruch.

4.1.2 Inhalt einer Pensionszusage

Die Pensionszusage besteht im Regelfall aus drei Bestandteilen:

- Ruhegehalt
- Hinterbliebenenversorgung
- Berufsunfähigkeitsrente

Die Gesellschaft vereinbart mit ihrem Arbeitnehmer, dass ab dem Erreichen einer bestimmten Altersgrenze regelmäßig ein Ruhegehalt geleistet wird. Die Höhe kann frei festgelegt sein, z.B. gehaltsabhängig, fester Betrag, Prozentsatz der letzten Aktivbezüge.

Zur Absicherung der Hinterbliebenen wird eine Witwenrente vereinbart, die bei Tod des Arbeitnehmers geleistet wird. Die Höhe wird mit einem bestimmten Prozentsatz der Altersrente festgelegt, meist beträgt dieser 60%.

Üblicherweise verspricht der Arbeitgeber dem Arbeitnehmer auch eine Versorgung, wenn dieser vor Erreichen des Pensionierungsalters berufsunfähig wird. Die Berufsunfähigkeitsrente wird normalerweise in gleicher Höhe wie die Altersrente vereinbart.[88]

4.1.3 Zusagearten

Die Pensionszusage kann entweder als Leistungszusage oder als beitragsorientierte Leistungszusage vereinbart werden. Die Beitragszusage mit Mindestleistung ist bei der Pensionszusage nicht zulässig.

4.1.4 Verbreitung

Die Pensionszusage stellt den meist verbreiteten Durchführungsweg in der betrieblichen Altersversorgung dar. Dies resultiert u.a. aus den vielseitigen Gestaltungsmöglichkeiten für den Betrieb.

Die Deckungsmittel für alle Durchführungswege betrugen im Jahr 2003 366,1 Mrd. EUR. Die Pensionszusage ist mit 215 Mrd. EUR und 59% der Bedeutendste. 6,7 Mio. Arbeitnehmer hatten im Jahr 2003 eine Anwartschaft auf eine Pensionszusage oder erhielten eine Rentenleistung.

4.2 Arbeitsrechtliche Vorschriften

4.2.1 Haftung

Der Arbeitgeber haftet grundsätzlich für die Versorgungsverpflichtung, so lange wie das Unternehmen besteht. Bei Kapitalgesellschaften ist der Umfang der Haftung auf das Eigenkapital beschränkt.

---

[88] Beck, S.523ff.

4.2.2 Vorzeitiges Ausscheiden

Scheidet ein Mitarbeiter mit unverfallbaren Anwartschaften aus einem Betrieb aus, hat er die Möglichkeit die Versicherung beim alten Arbeitgeber zu belassen, sie auf den neuen Arbeitgeber zu übertragen oder sie innerhalb der Grenzen abfinden zu lassen. Der Arbeitnehmer hat keinen einseitigen Rechtsanspruch auf die Übertragung der Anwartschaft.

4.2.3 Insolvenzschutz

Die Pensionszusage gehört zu den insolvenzgeschützten Durchführungswegen der betrieblichen Altersversorgung. Der Arbeitgeber hat Beiträge an den PSVaG zu entrichten, sobald die Anwartschaft unverfallbar geworden ist.

4.2.4 Anpassungsprüfungspflicht

Die Leistungen der Pensionszusage unterliegen der Anpassungsprüfungspflicht. Diese entfällt, wenn sich der Arbeitgeber verpflichtet, laufende Leistungen jährlich um ein Prozent anzupassen oder wenn eine einmalige Versorgungsleistung zugesagt wurde.

4.3 Steuerliche Behandlung beim Unternehmen

4.3.1 Die steuerliche Anerkennung der Pensionsrückstellungen

4.3.1.1 Maßgeblichkeit der Handelsbilanz

Gemäß § 249 (1) HGB besteht für Versorgungszusagen, die ungewisse Verbindlichkeiten mit sich bringen, handelsrechtlich eine Passivierungspflicht. Diese Passivierungspflicht führt zu einer entsprechenden Ausweispflicht der Pensionsverpflichtung in der Steuerbilanz.[89]

Durch die Pensionszusage ergibt sich für den Betrieb eine Verpflichtung, die der Höhe und Fälligkeit nach noch ungewiss ist. Diese muss als Rückstellung auf der Passivseite der Bilanz ausgewiesen werden.[90]

4.3.1.2 Sondervoraussetzungen des § 6a (1) EStG

Für die Bildung von Pensionsrückstellungen in der Steuerbilanz müssen folgende Voraussetzungen erfüllt sein:

- Rechtsanspruch
- Schriftform
- Keine schädlichen Vorbehalte

Der Pensionsberechtigte muss einen Rechtsanspruch auf die Pensionsleistung haben, d.h. die Pensionszusage muss zivilrechtlich wirksam erteilt worden sein.

Die Pensionszusage darf keine widerruflichen Vorbehalte einschließen. Vorbehalte sind nur nach billigem Ermessen zulässig, z.B. bei einer Treuepflichtverletzung des Arbeitnehmers.

Die Versorgungszusage muss schriftlich erteilt worden sein. Dies gilt auch für nachträgliche Änderungen der Zusage. Die Pensionszusage soll Angaben zu Art, Form, Voraussetzungen und Höhe der in Aussicht gestellten Leistungen enthalten.

---

[89] Doetsch, S.29ff.
[90] Beck, S.526.

4.3.1.3 Die Höhe der Pensionsrückstellungen

Nach § 6a (3) EStG darf im Jahr der Erteilung der Pensionszusage nicht sofort der gesamte Barwert der Versorgungsleistung passiviert werden. Die Rückstellungsbildung ist auf den Zeitraum zwischen Erteilung der Zusage und dem vereinbarten Pensionsalter zu verteilen.

Vor Eintritt des Versorgungsfalles wird der Teilwert der Pensionsverpflichtung als Rückstellung gebildet. Der Teilwert der Rückstellung entspricht nach Eintritt des Versorgungsfalles dem Barwert der künftigen Pensionsleistungen. Der Barwert ist die Summe der einzelnen künftigen Leistungen, die zur Finanzierung der Pensionszusage benötigt werden.

Der Teilwertverlauf ist somit abhängig vom Diensteintritt, Leistungsarten und Leistungshöhe, Geschlecht, Endalter und zugesagter Dynamik. Die Berechnung der Rückstellungen erfolgt nach dem Teilwertverfahren.[91] Der Teilwert berechnet sich aus dem Barwert der zukünftigen Leistungen abzgl. dem Barwert der betragsmäßig gleich bleibenden fiktiven Prämien. Die Prämien werden nach versicherungsmathematischen Grundsätzen von Beginn des Arbeitsverhältnisses an bis zum Pensionierungsalter mit einem Rechnungszins von sechs Prozent berechnet.[92]

Bei Entgeltumwandlung darf mindestens der Barwert bis zum Bilanzstichtag erworbenen Anwartschaft in der Bilanz aktiviert wer-

---

[91] Beck, S.526f.
[92] Blome, Sandra, Asset Liability Management in der betrieblichen Altersversorgung, Die Direktzusage, Universität Ulm, Fakultät für Mathematik und Wirtschaftswissenschaften Sektion Aktuarwissenschaften, 2004, S.26.

den, falls der Teilwert für die Rückstellungsbildung überschritten wird.[93]

4.3.1.4 Zeitpunkt der Rückstellungsbildung

Eine Rückstellungsbildung kann erst in dem Jahr gebildet werden, in dem die Pensionszusage erteilt wird. Voraussetzung für Neuzusagen ab dem 01.01.2001 ist, dass der Arbeitnehmer in der Mitte dieses Wirtschaftsjahres das 28.Lebensjahr vollendet. Für Altzusagen ist die Vollendung des 30.Lebensjahres maßgeblich.[94]

Da bei Versorgungen aus Entgeltumwandlung sofortige Unverfallbarkeit besteht, ist eine Rückstellungsbildung ohne Einhaltung von Altersgrenzen möglich.[95]

Es erfolgt eine Einmalrückstellung, wenn die Pensionszusage erst einige Jahre nach dem Diensteintritt erteilt wird. Diese wird in Abhängigkeit der bereits zurückgelegten Dienstjahre ermittelt und ist somit wesentlich höher als die Teilwerte der künftigen Jahre. Die Erstrückstellung kann auf die ersten drei Wirtschaftsjahre gleichmäßig verteilt werden. Gleiches gilt bei einer Erhöhung der Pensionszusage. Der neue Verpflichtungsumfang wird so behandelt, als hätte er bereits bei Diensteintritt bestanden. Die Verteilung auf drei Wirtschaftsjahre ist aber nur möglich, wenn sich der Barwert der Zusage insgesamt um 25% erhöht hat.[96]

---

[93] Ahrend, P., Förster, W., Rühmann, J., u.a., Betriebsrentengesetz, Gesetz zur Verbesserung der betrieblichen Altersversorgung, Kommentar, Verlag C.H. Beck, 10.Auflage, München, 2005, S.118.
[94] Beck, S.527.
[95] Buttler, Rn.246.
[96] Beck, S.528.

In den folgenden Jahren wird jeweils der Differenzbetrag zwischen dem Teilwert des laufenden Wirtschaftsjahres und dem Teilwert des vergangenen Jahres als Aufwand verbucht.

Bei Entgeltumwandlungen muss zusätzlich aufgrund der geänderten Unverfallbarkeitsfristen der Barwert der unverfallbaren Anwartschaft berechnet werden. Wenn dieser höher als der Teilwert ist, wird der Barwert dem Wirtschaftsjahr zugrunde gelegt.[97]

4.3.1.5 75%-Grenze

Rückstellungen für Pensionszusagen sind steuerlich nicht anzuerkennen, wenn die Versorgungszusage 75% der laufenden Aktivbezüge übersteigt. Bei einer Überschreitung dieser Grenze wird angenommen, dass künftige Einkommens- und Lohnentwicklungen vorweggenommen werden.

Für die Prüfung wird das Stichtagsprinzip herangezogen. Demnach müssen für die Grenze immer die Verhältnisse am jeweiligen Bilanzstichtag berücksichtigt werden. Künftige Gehaltsentwicklungen dürfen nicht mit einbezogen werden.

Zur steuerlichen Anerkennung der Pensionsrückstellungen dürfen die insgesamt zugesagten Leistungen der betrieblichen Altersversorgung und die zu erwartende Rente aus der gRV nicht höher als 75% der Aktivbezüge sein.

Die Leistungen der betrieblichen Altersversorgung sind auf das Pensionsalter hochzurechnen. Eine fest zugesagte Rentensteigerung von bis zu drei Prozent ist mit einzubeziehen. Bei Beitragszusagen mit Mindestleistung ist die Mindestleistung rechnerisch zu ermit-

---

[97] Buttler, Rn.248f.

teln. Wird eine Kapitalleistung gewährt, gelten hiervon zehn Prozent als Jahresbetrag einer laufenden Leistung.

Die zu erwartende Rente aus der gRV wird entweder nach dem Näherungsverfahren ermittelt oder es wird die nachgewiesene Höhe angesetzt. Zu den Aktivbezügen gehören alle Gehaltsbestandteile, die dem Arbeitslohn i.S.d. § 2 Lohnsteuer-Durchführungsverordnung (LStDV) entsprechen. Bei einer Überschreitung der 75%-Grenze liegt eine Überversorgung vor. Die Steuerbilanz ist unrichtig und muss korrigiert werden. Es ist der Teil der Rückstellung aufzulösen, der auf der überhöhten Zusage beruht.[98]

Wird eine Pensionszusage durch Entgeltumwandlung finanziert, ist zu beachten, dass die Umwandlung eines Teils des Gehalts zu einer Herabsetzung der Bemessungsgrundlage der 75%-Grenze führt. Da aber die Versorgung erhöht wird, kann dies zu einer Überversorgung führen.[99]

4.3.2 Auswirkungen in der Anwartschaftsphase

Die Bildung der Rückstellungen in der Zeit zwischen Erteilung der Zusage und dem Eintritt des Versorgungsfalles führt im Unternehmen zu einem steuerlichen Vorteil. Die jährlichen Pensionsrückstellungen mindern die steuerliche Bemessungsgrundlage und somit den Gewinn, da kein Liquiditätsabfluss gegenübersteht. Der Steuervorteil ist somit, dass der Aufwand der Versorgungsleistung zeitlich vorgezogen wird und Jahre vor der Pensionszahlung zu einer Gewinnminderung führt. Dies bezeichnet man als Steuerstundungsef-

---

[98] Haufe, Mai 2005 (2), Gruppe 4 S.401ff und BMF-Schreiben vom 3.November 2004 IV B 2-S 2176-13/04, Rn.6ff.
[99] Beck, S.571.

fekt. Die Zuführungen zu den Pensionsrückstellungen sind als Betriebsausgaben abzugsfähig.[100]

4.3.3 Auswirkungen im Versorgungsfall

Die Pensionsrückstellung wird im Jahr der ersten Zahlung der Versorgungsleistung auf den vollen Barwert angehoben. Anschließend sinkt dieser mit jeder Rentenzahlung und mit zunehmendem Alter des Begünstigten. Die Rückstellungen werden somit langsam aufgelöst, da die Verpflichtung des Unternehmens abnimmt.

Die aufzulösenden Rückstellungen führen zu einer Gewinnerhöhung des Unternehmens. Gegenüber stehen jedoch die laufenden Rentenleistungen an den Versorgungsberechtigten. Diese sind meist höher als die aufzulösenden Rückstellungen und da sie als Betriebsausgaben geltend gemacht werden können, führt es insgesamt wiederum zu einer Gewinnminderung des Unternehmens.

Wird dem Berechtigten anstelle der laufenden Rentenleistung eine Kapitalabfindung gewährt, so sind die gebildeten Rückstellungen vollständig aufzulösen. Die Kapitalabfindung kann als Betriebsausgabe geltend gemacht werden. Wird diese in gleicher Höhe wie die gebildeten Rückstellungen geleistet, erfolgt die Auszahlung ohne steuerliche Wirkung.[101]

4.3.4 Folgen einer unzulässigen Pensionsrückstellung

Sind die o.g. Voraussetzungen des § 6a EStG für die Rückstellungsbildung nicht erfüllt, ist die Rückstellung zwar in der Handelsbilanz

---

[100] Ebenda, S.528.
[101] Buttler, Rn.252.

zulässig, aber in der Steuerbilanz unzulässig. Die Steuerbilanz ist demnach nicht richtig und muss korrigiert werden.

Das Finanzamt löst diese Rückstellungen erfolgswirksam auf, d.h. die Gewinnminderungen werden rückgängig gemacht und dies führt zu einer Gewinnerhöhung in der Steuerbilanz.

In der Auszahlungsphase der Pensionsleistungen sind somit nur Aufwendungen vorhanden, die den steuerlichen Gewinn des Unternehmens mindern. Der vorteilhaft genannte Steuerstundungseffekt wird nicht erreicht.

4.4 Steuerliche Auswirkungen beim Beschäftigten

4.4.1 Vor Eintritt des Versorgungsfalles

Die Erteilung einer Pensionszusage löst bei dem Beschäftigten keine Steuerpflicht aus, da ihm nur eine Anwartschaft auf eine spätere Leistung entsteht. Die Pensionszusage unterliegt der vollen nachgelagerten Besteuerung, da sie bei dem Berechtigten erst in dem Zeitpunkt steuerpflichtig wird, in dem die Leistungen in Anspruch genommen werden.

4.4.2 Bei Eintritt des Versorgungsfalles

Die Rentenbezüge aus der Pensionszusage sind bei dem Begünstigten wie Einnahmen aus nichtselbstständiger Arbeit nach § 19 (1) S.1 Nr.1 EStG zu behandeln. Sie werden mit dem vollen Nominalbetrag besteuert. Es wird vom Unternehmen somit auch wie bei einem aktiven Arbeitnehmer die Lohnsteuer einbehalten. Der Versorgungsberechtigte muss dem Unternehmen weiterhin eine Lohnsteuerkarte vorlegen.

Der Pensionsberechtigte hat die Möglichkeit seine Freibeträge zu nutzen.

Nach Vollendung des 63.Lebensjahres kann der Berechtigte seinen Versorgungsfreibetrag in Anspruch nehmen. Gemäß § 19 (2) S.1 EStG bleiben bis 2005 40% der Versorgungsleistungen und ein Zuschlag zum Versorgungsfreibetrag steuerfrei. Der jeweilige Höchstbetrag ist jedoch einzuhalten. Der Versorgungsfreibetrag wird ab 2006 im Gegenzug wie die Besteuerungsanteile der Leibrente erhöht werden, schrittweise verringert. Der Freibetrag der für einen Berechtigten bei erstmaliger Leistung berechnet wurde, bleibt lebenslänglich erhalten.

Da die Leistungsbezüge Einnahmen aus nichtselbstständiger Arbeit darstellen, kann der Berechtigte auch den Arbeitnehmerpauschbetrag nach § 9a Nr.1 EStG geltend machen. Dieser wurde ab 2005 an den allgemeinen Werbungskostenpauschbetrag von 102 EUR angepasst.[102]

Der Pensionsanspruch wird oft bei Eintritt des Versorgungsfalles durch die Zahlung eines Kapitalbetrages abgefunden. Die Abfindung führt zu Einnahmen aus nichtselbstständiger Tätigkeit und ist daher lohnsteuerpflichtig. Bei Kapitalzahlungen kann der Berechtige die Möglichkeit der „Fünftelungsregelung" nach § 34 EStG in Anspruch nehmen. Die Einkommenssteuer beträgt das Fünffache der auf ein Fünftel der Kapitalzahlung anfallenden Steuer. Der Steuervorteil hängt hier von den im selben Jahr zu versteuernden Einkünften ab.

Wird die Kapitalabfindung an einen beherrschenden GGF geleistet, müssen Besonderheiten beachtet werden. Die Finanzverwaltung sieht in einer Kapitalabfindung eine verdeckte Gewinnausschüt-

---

[102] Beck, S.531ff.

tung, wenn diese nicht im Zusagetext der Pensionszusage vereinbart worden ist. Deshalb sollte die Möglichkeit der Kapitalabfindung immer schriftlich geregelt werden. Wird die Abfindung von
der Finanzverwaltung als verdeckte Gewinnausschüttung gesehen,
wird diese nach dem Halbeinkünfteverfahren versteuert, d.h. nur
dem halben Betrag der Einkommensteuer unterworfen. Das Unternehmen hat hier den Nachteil, da sie die Kapitalabfindung nicht als
Betriebsausgabe geltend machen kann.[103]

4.5 Besonderheiten beim GGF

4.5.1 Verdeckte Gewinnausschüttung

Zur Anerkennung der Pensionsrückstellungen einer Pensionszusage
muss neben den Voraussetzungen des § 6a EStG die Zusage an einen beherrschenden GGF aus betrieblichen Gründen erteilt worden
sein. Es darf sich nicht um eine verdeckte Gewinnausschüttung
handeln, d.h. die Pensionszusage darf nicht aufgrund des Gesell-
schaftsverhältnisses vereinbart worden sein.

Zur Prüfung wird der Fremdvergleich herangezogen. Es wird be-
gutachtet, ob die Pensionszusage auch einem fremden Geschäftsführer, der nicht auch Gesellschafter ist, in gleicher Weise zugesagt
worden wäre.

4.5.2 Voraussetzungen der verdeckten Gewinnausschüttung

Eine Pensionszusage wird nur als betrieblich veranlasst gesehen,
wenn ein wirksamer Anstellungsvertrag vorliegt und eine klare und
im Voraus gegebene schriftliche Zusage

---

[103] Beck, S.534.

- ernsthaft

- erdienbar

- finanzierbar

und

- angemessen

ist. Zu den Ausführungen der Kriterien wird auf die Punkte 3.4. fortfolgende verwiesen.

4.5.3 Folgen einer verdeckten Gewinnausschüttung

Sind die genannten Voraussetzungen nicht erfüllt, wird die Pensionszusage beim GGF als nicht betrieblich veranlasst angesehen und die Leistungen der Zusage sind als verdeckte Gewinnausschüttung zu bewerten.

Die Pensionsrückstellungen können steuerlich beim Unternehmen nicht als Aufwand berücksichtigt werden (§ 8 (3) S.2 KStG). Die Steuerbilanz ist zwar richtig, aber die eingetretene Gewinnminderung wird dadurch wieder korrigiert, dass der Betrag dem Gewinn außerhalb der Bilanz wieder hinzugerechnet wird (außerbilanziell). Die Beitragzahlungen für eine Rückdeckungsversicherung werden nicht geändert, da sie dem GGF nicht direkt zufließen und somit nicht als verdeckte Gewinnausschüttung zu beurteilen sind.

Während der Auszahlungsphase der Pensionsleistung wird dieser Aufwand auch außerbilanziell addiert. Die Gewinnerhöhung durch die Auflösung der Rückstellungen ist außerhalb der Bilanz zu kürzen. Die steuerlich unzulässige Pensionsrückstellung führt im Unternehmen zu einer erhöhten Steuerbelastung.

Die Pensionsleistungen sind beim GGF als verdeckte Gewinnausschüttung zu bewerten. Sie sind als Einnahmen aus Kapitalvermögen nach § 20 (1) Nr.1 S.2 EStG zur Hälfte und nicht wie eine normale Gewinnausschüttung als Arbeitslohn zu versteuern. Der GGF hat durch die Unzulässigkeit der Rückstellungen eine niedrigere Steuerbelastung.

4.6 Rückdeckung einer Pensionszusage

4.6.1 Gründe

Durch die Erteilung einer Pensionszusage ist das Unternehmen einer Vielzahl von Risiken ausgesetzt. Da von der Erteilung bis zur Zahlung der Leistungen meistens viele Jahre vergehen, übersteigt dieser Zeitraum den Planungshorizont der Unternehmen. Es ist mit einem großen Liquiditätsproblem zu rechnen, wenn das Verhältnis von Rentnern zu aktiven Mitarbeitern im Betrieb steigt. Eine Rückdeckung einer Pensionszusage kann das Unternehmen davor schützen.[104]

Als Rückdeckung einer Pensionszusage bezeichnet man den Vorgang der Ansammlung des Kapitals, welches zu Pensionsbeginn benötigt wird, um die Pensionsverpflichtung des Unternehmens erfüllen zu können. Durch die Bildung von Rückstellungen in der Bilanz eines Unternehmens nach Erteilung einer Pensionszusage entsteht noch kein Kapital, mit dem die späteren Versorgungsleistungen finanziert werden können.

Soll die Versorgungsleistung bereits in der Anwartschaftsphase ausfinanziert werden, muss das Unternehmen für die Pensionszusage eine Rückdeckung aufbauen. Es wird Kapital angesammelt, um die späteren Pensionsverpflichtungen zu finanzieren. Dieses Kapital

[104] Blome, S.20.

kann aus Ansprüchen gegen ein Versicherungsunternehmen oder in eigenen Wirtschaftsgütern bestehen.

Steht einem beherrschenden GGF eine Pensionsleistung zu, sollte diese rückgedeckt sein. Scheidet der GGF aus dem Unternehmen aus, werden die Gesellschaftsanteile an seinen Nachfolger verkauft. Dieser wird in der Regel nicht bereit sein, die Pensionszusage zu übernehmen, sondern möchte diese durch einen Kapitalbetrag abfinden. Eine Abfindung ist im Unternehmen jedoch nur möglich, wenn eine Rückdeckung der Zusage vorhanden ist. Dem GGF bleibt sonst nur die Möglichkeit auf den Pensionsanspruch zu verzichten. Außerdem stellt die Verpfändung einer Rückdeckungsversicherung an den beherrschenden GGF ein Sicherungsinstrument bei Insolvenz des Betriebes dar.

Ein wichtiger Grund für eine Rückdeckung ist zudem die Bewertung eines Unternehmens. Die Pensionszusage stellt eine Verbindlichkeit des Unternehmens dar und wird bei der Bewertung berücksichtigt. Eine Pensionsrückstellung ohne Kapitalhinterlegung wirkt sich daher negativ aus.[105] Das Liquiditätsrisiko des Unternehmens wird durch den Abschluss einer Rückdeckungsversicherung gemindert. Die Mittel zur Finanzierung der Pensionsverpflichtung stehen bei Erreichen des Pensionierungsalters zur Verfügung.[106]

4.6.2 Rückdeckung mit einer Kapitallebensversicherung

Bei einer Rückdeckung mit einer Kapitallebensversicherung schließt das Unternehmen einen Vertrag über das Leben des Begünstigten ab. Das Unternehmen ist Versicherungsnehmer und Bezugsberechtigter des Versicherungsvertrages und der Beschäftigte ist versicher-

---

[105] Beck, S.571f.
[106] Blome, S.109.

te Person. Die Leistung der Versicherung steht nur dem Betrieb zu, um die Verpflichtungen aus der Pensionszusage erfüllen zu können.

Tritt vor Erreichen des vereinbarten Pensionierungsalters der Tod des Begünstigten ein, so entsteht dem Unternehmen ein Anspruch auf die vereinbarte Todesfallleistung. Damit wird eventuell eine Witwenversorgung finanziert.

Enthält die Pensionszusage eine Berufsunfähigkeitsrente, muss zusätzlich eine Rückdeckung dieses Risikos abgeschlossen werden.[107] Sind alle Versorgungsfälle von der Versicherung abgesichert, so spricht man von einer vollen oder kongruenten Rückdeckung. Der Arbeitgeber befreit sich vollständig von den finanziellen Risiken der Pensionszusage.

Werden nur die vorzeitigen Versorgungsfälle von der Versicherung sichergestellt, also Tod und Berufsunfähigkeit, ist die Versorgungszusage nur teilweise rückgedeckt. Das Unternehmen muss das Kapital zur Finanzierung der Altersversorgung intern oder bei einem externen Anlageinstitut ansammeln.[108]

Der Betrieb hat die Ansprüche gegen das Versicherungsunternehmen in der Bilanz auszuweisen. Sie werden mit den Anschaffungskosten bewertet. Nach dem BFH sind die Ansprüche in Höhe der verzinslichen Ansammlung der vom Versicherungsnehmer geleisteten Sparanteile der Versicherungsprämien zzgl. der vorhandenen Guthaben aus Überschussbeteiligungen zu aktivieren. Da die Forderung des Unternehmens jährlich wächst, führt dies zu einer Erhöhung des Gewinns und somit zur Steuerpflicht. Aufgrund des Saldierungsverbotes darf dieser Aktivwert nicht mit den Pensionsrückstellungen verrechnet werden.

---

[107] Beck, S.573f.
[108] Buttler, Rn.262f.

Die Prämienzahlungen für die Rückdeckungsversicherung sind im Betrieb als Betriebsausgaben zu verbuchen.

Die Beiträge lösen beim Berechtigten weder Lohn- noch Sozialversicherungspflicht aus, auch nicht wenn die Rückdeckung an diesen verpfändet worden ist. Das Versicherungsunternehmen leistet dem Betrieb bei Eintritt des Versorgungsfalles einen Kapitalbetrag, den der Betrieb zur Finanzierung der Pensionsleistung nutzt. Dieser führt nicht zur Steuerpflicht im Unternehmen, da der Ertrag bereits jedes Jahr bei Erhöhung des Anspruchs versteuert wurde.[109]

Die Pensionszusage kann bei Erreichen der Altersgrenze über eine Kapitalzahlung abgefunden werden. Bei Arbeitnehmern, die unter das BetrAVG fallen, sind die Grenzen des § 3 BetrAVG zu beachten. Beherrschenden GGF kann diese in Höhe des Altersrentenbarwerts abgefunden werden.[110]

Der Steuervorteil einer Rückdeckung mit einer Kapitallebensversicherung wird niedriger, umso vollständiger die Pensionsverpflichtung rückgedeckt wird. Das Deckungskapital der Versicherung und die Pensionsrückstellungen entsprechen beim Erreichen der Altersgrenze dem Barwert der Versorgungsverpflichtung. Der Vorteil für das Unternehmen besteht darin, dass sich die Bilanzentwicklung bis zum Pensionsalter kalkulieren lässt. Hinzukommt die Absicherung des Todes und der Berufsunfähigkeit des Begünstigten, da die Risiken auf die Versicherung übertragen werden.[111]

Die Kapitallebensversicherung gehört jedoch steuerlich zu den am schlechtesten behandelten Anlagen, die im Betriebsvermögen einer Kapitalgesellschaft möglich sind. Zwar sind die Beiträge zur Kapi-

---

[109] Beck, S.574f und BFH Urteil vom 25.Februar 2004, I R 54/02, www.bundesfinanzhof.de/www/index3.html.
[110] Anlage 3, Kapitel 7 S.12.
[111] Beck, S.575f.

tallebensversicherung Betriebsausgaben, aber der Wertzuwachs der Versicherung muss jährlich versteuert werden. Dadurch ergeben sich sehr niedrige Nettorenditen. Unterstellt man langfristig eine tatsächliche Rendite von 5–6 Prozent pro Jahr, verbleiben nach Steuer von ungefähr 40% nur 3–3,6 Prozent.

Außerdem hat das Unternehmen bei einer Kapitallebensversicherung bei der Wahl der Kapitalanlage kein Mitspracherecht. Das Lebensversicherungsunternehmen muss sich an die Kapitalbestimmungen des VAG halten.[112]

4.6.3 Rückdeckung mit einer Rentenversicherung

Die Rentenversicherung übernimmt im Gegensatz zur Kapitallebensversicherung das Risiko der Langlebigkeit des Berechtigten.

Die Versicherung leistet bei Erreichen des Pensionierungsalters die laufende Rente an den Begünstigten. Stirbt dieser bereits vorher, bekommt das Unternehmen die Prämienzahlung erstattet. Das Unternehmen hat nur einen Vorteil gegenüber der Kapitallebensversicherung, wenn der Berechtigte länger als erwartet lebt. Verstirbt er kurz nach Erreichen des Pensionierungsalters, hat der Betrieb keinerlei Ansprüche gegen die Versicherung.

Um aber das Risiko der Langlebigkeit abzusichern, schließen viele Unternehmen erst eine Rückdeckung über eine Kapitallebensversicherung ab und finanzieren die Versorgungsleistung mit der Einzahlung des Kapitalbetrages in eine Rentenversicherung. Da die Rentenversicherung keine Todesfallleistung gewährt, sind die Beiträge niedriger als zu einer Kapitallebensversicherung. Ist eine Witwenversorgung vereinbart, sollte eine Versicherung abgeschlossen

---

[112] Blome, S.111.

werden, welche die Rentenzahlung bis zum Tode des letzten Berechtigten leistet.

Der Anspruch des Betriebes gegen eine Rentenversicherung ist in der Bilanz auch mit dem Deckungskapital zu aktivieren. Finanziert das Unternehmen die Versorgungsverpflichtung durch die Einmalzahlung des Abfindungsbetrages der Kapitallebensversicherung an die Rentenversicherung, so muss der Berechtigte die Rentenleistung als Einkünfte aus nichtselbstständiger Tätigkeit mit dem Nominalbetrag versteuern. Würde der Berechtigte den Abfindungsbetrag selbst in eine Rentenversicherung einbezahlen, ist die Leistung nur mit dem Ertragsanteil zu besteuern.

4.6.4 Rückdeckung mit eigenen Wirtschaftsgütern

Die vorzeitigen Risiken Tod und Berufsunfähigkeit können nur durch Abschluss einer Versicherung rückgedeckt werden. Zur Finanzierung der Altersrentenleistung muss das Kapital in der Anwartschaftsphase lediglich angesammelt werden. Es handelt sich hierbei um einen Sparvorgang, den das Unternehmen selbst durchführen kann. Es können geeignete Güter, wie z.B. Immobilien und Aktien, erworben werden.

Der Vorteil besteht darin, dass der Betrieb jedes Jahr flexibel entscheiden kann, welcher Betrag für die Pensionsverpflichtung investiert wird. Die Unternehmen sind zudem von den höheren Renditevorteilen bei der Anschaffung von Immobilien und Aktien überzeugt. Hierfür sprechen vor allem steuerliche Gründe.

4.6.4.1 Rückdeckung mit Immobilien

Bei einem Kauf einer Immobilie ist diese mit dem Anschaffungswert in der Bilanz des Unternehmens zu aktivieren. Steigt der Wert der

Immobilie, führt dies zu keiner Gewinnerhöhung. Es entstehen vielmehr stille Reserven. Erst wenn die Immobilie verkauft wird, ist der Gewinn zu versteuern. Die Gebäudeabschreibungen und die Schuldzinsen für die Immobilie können als Betriebsausgaben verbucht werden und mindern somit zu den Rückstellungsbildungen den Gewinn des Unternehmens.

Ist der Betrieb an einem geschlossenen Immobilienfonds beteiligt, stellt der anteilige Verlust des Fonds, den dieser zuweist, eine Betriebsausgaben dar.

4.6.4.2 Rückdeckung mit Aktien

Durch die Rückdeckung mit Aktien entstehen beim Unternehmen auch stille Reserven, da der Wertzuwachs der Aktie nicht in der Bilanz ausgewiesen wird.[113]

Ein Vorteil von Aktien oder Aktienfonds gegenüber der Kapitallebensversicherung ist die steuerliche Behandlung. Die Kursgewinne werden erst beim Verkauf minimal versteuert und nicht jährlich wie bei der Lebensversicherung. Bei einer GmbH, die der Körperschaftsteuer unterliegt, sind die Gewinne gemäß § 8b (2) KStG aus der Veräußerung von Aktien völlig steuerfrei. Fünf Prozent der Erträge sind als nicht abzugsfähige Betriebsausgaben zu behandeln (§ 8b (3) KStG). Dasselbe gilt für Ausschüttungen und Dividenden.[114] Bei gleicher Bruttorendite und gleicher Entwicklung sind Aktien oder Aktienfonds weitaus effektiver.

Der Aktienfonds ist sehr flexibel, da jederzeit eine Anpassung auf sich verändernde Verhältnisse vorgenommen werden kann. Bei Le-

---

[113] Beck, S.576ff
[114] Beck, S.579.

bensversicherungen kann man aufgrund der bestehenden Verträge nur schwer auf Veränderungen reagieren.

Der Nachteil von Aktien oder Aktienfonds besteht darin, dass Risiken wie Tod und Berufsunfähigkeit separat über Risikoversicherungen abgesichert werden müssen.

4.7 Problematik einer Pensionszusage

Viele Pensionszusagen verursachen große Probleme, da sie nicht effektiv ausfinanziert wurden oder die Textgestaltungen dazu führen, dass die betriebliche Altersversorgung für die Berechtigten verloren geht.

4.7.1 Textgestaltung

Wird ein Zusagetext fehlerhaft gestaltet, kann daraus folgen, dass die gebildeten Rückstellungen von der Finanzverwaltung nicht anerkannt werden und der Steuerstundungseffekt der Rückstellungen nicht eintritt.

Die Unternehmen verwenden zudem oft falsche Widerrufsvorbehalte. Im Insolvenzfall ist die vorhandene Rückdeckung nicht vor dem Insolvenzverwalter geschützt, obwohl sie an den Berechtigten verpfändet worden ist.

Außerdem entsprechen die Pensionszusagetexte häufig im rechtlichen Teil nicht mehr der aktuellen Rechtsprechung. Veraltete Textgestaltungen können dazu führen, dass der gesamte Anspruch auf die betriebliche Altersversorgung verloren geht.

4.7.2 Rentenbarwert

Ein weiteres sehr wichtiges Problem besteht darin, dass vom Unternehmen angenommen wird, der Barwert der Rückstellungen würde den Kapitalbedarf zur Finanzierung der Leistungen ergeben. Der tatsächliche Kapitalbedarf liegt aber ungefähr 40% über dem Barwert.

Der Rentenbarwert der Verpflichtungen nach den Sterbetabellen von Heubeck berücksichtigt sowohl die statistischen Lebenserwartungen als auch den vorgeschriebenen Rechnungszins von sechs Prozent für die steuerwirksamen Rückstellungen. Dieser sollte den Kapitalbedarf des Unternehmens angeben, der benötigt wird, um die Pensionsleistung bis zum statistischen Lebensendalter zu finanzieren.

Das gravierende Problem der Sterbetafeln liegt an der nicht vorhandenen Aktualität, denn sie beruhen immer auf den Lebenserwartungen von verstorbenen Personen. Somit liegt der benötigte Kapitalbedarf zur Erfüllung der Pensionsverpflichtung deutlich über den heutigen Annahmen.

Das größte Problem stellt der vorgeschriebene Rechnungszins von sechs Prozent dar. Ein Unternehmen müsste bei einem Steuersatz von 40% eine Bruttorendite von zehn Prozent mit der Kapitalanlage erzielen. Durch die Ablaufkürzungen der Versicherer ist dies heute kaum noch möglich. Außerdem ist bei Erteilung einer Pensionszusage nur der derzeitige Kapitalmarktzins bekannt. Um jedoch den genauen Kapitalbetrag zu berechnen, der zur Zahlung der Pensionsleistung vorhanden sein muss, benötigt man den Kapitalmarktzins im Zeitpunkt des Pensionierungsalters.

Es ist daher sinnvoll, bei Zusageerteilung entsprechende Siche-
rungsabschläge für den voraussichtlichen Kapitalbedarf vorzuneh-
men.

4.7.3 Lösungsansätze

Bei der Erstellung einer Pensionszusage sollte immer ein qualifizier-
ter Rechtsberater zu Rate gezogen werden, da es sich bei der Ausar-
beitung um Rechts- und Steuerfragen handelt.

Außerdem ist eine Pensionszusage regelmäßig zu analysieren und
zu überprüfen. Bestehende Probleme werden nicht vergrößert und
Gegenmaßnahmen können rechtzeitig eingeleitet werden. Sollten
sich Fehler bei der Gestaltung der Pensionszusagetexte ergeben haben, können diese meist durch Änderungen korrigiert werden.

Sind Deckungslücken für die Finanzierung der Pensionszusage vorhanden, können diese, wenn sie frühzeitig erkannt werden, über
renditestarke Anlagen noch ausfinanziert werden. Eine Reparatur
bestehender Pensionszusagen ist bei ständiger Kontrolle in vielen
Fällen möglich.

5 Schlussbemerkung

In der Personengruppe der GGF besteht ein besonders großer Bedarf an einer zusätzlichen Altersversorgung, da sie in der Regel sehr hohe Gehälter beziehen und kaum ein Anspruch auf Leistungen der gRV besteht. Alle Durchführungswege der betrieblichen Altersversorgung stehen dem GGF offen.

Die Pensionskasse, die Direktversicherung und der Pensionsfonds bereiten beim Abschluss und der steuerlichen Anerkennung kaum Probleme. Durch die Beschränkungen der steuerlichen Möglichkeiten sind diese jedoch der Höhe nach begrenzt und es kann keine ausreichende Absicherung der Altersvorsorge des GGF erreicht werden.

Die Pensionszusage gehört zu den bekanntesten Alternativen der Altersvorsorge für GGF. Sie stellt einen flexiblen Durchführungsweg dar. Die Höhe der Beitragszahlung ist nicht vorgeschrieben und die Zusage kann somit individuell auf den Bedarf des GGF abgestimmt werden.

Der GGF übernimmt in der betrieblichen Altersversorgung eine besondere Stellung. Es sind bei der Einrichtung eine Vielzahl von steuerlichen Vorschriften und die Rechtsprechung der Finanzverwaltung und des BFH zu beachten, um eine verdeckte Gewinnausschüttung zu vermeiden. Die Ausgestaltung einer Pensionszusage sollte deshalb immer mit einem Rechtsberater erfolgen.

Die GmbH übernimmt durch die Erteilung einer Pensionszusage ein enormes Risiko, da der GGF einen Rechtsanspruch auf die zugesagten Leistungen gegen das Unternehmen hat. Aufgrund der Zusage muss die GmbH Rückstellungen bilden. Diese führen aber noch nicht zu dem Kapital, das zur Erfüllung der Versorgungsverpflichtungen vorhanden sein muss.

Wird die Pensionszusage in der Anwartschaftszeit nicht ausfinanziert und werden die vorzeitigen Risiken nicht abgesichert, würde im Versorgungsfall ein Umlageverfahren entstehen, da die aktiven Mitarbeiter die Pensionsverpflichtungen erwirtschaften müssten. Eine Rückdeckung der Pensionszusage ist in jedem Fall zu empfehlen.

Dem Unternehmen entsteht durch die Pensionszusage ein Aufwand in der Anwartschaftsphase durch die Bildung von Rückstellungen. Dieser Aufwand mindert den Betriebsgewinn und somit die Steuerlast, da kein Liquiditätsabfluss gegenübersteht. In der Leistungsphase stellen die Leistungen an den GGF ebenfalls einen Aufwand dar. Die Verpflichtung des Unternehmens nimmt jedoch mit jeder Auszahlung ab und deshalb ist die gebildete Pensionsrückstellung gewinnerhöhend aufzulösen. Es sind nachträglich Steuern auf die Pensionsrückstellungen zu zahlen. Da der Aufwand aber bereits in der Anwartschaftsphase entstanden ist, tritt ein Steuerstundungseffekt ein. Der große Vorteil besteht darin, dass die daraus gewonnene Liquidität dem Unternehmen frei zur Verfügung steht.

Wird die Pensionszusage effektiv gestaltet und eine Rückdeckungsversicherung auf verschiedene voneinander unabhängigen Anlagen gestreut, besteht die Möglichkeit der Ausfinanzierung der Verpflichtungen aus den ersparten Steuern der Rückstellungen. Dadurch kann die Versorgungszusage als einziger Durchführungsweg der betrieblichen Altersversorgung nahezu kostenneutral aufgebaut werden.

Außerdem wird durch die Rückdeckung die Pensionszusage für den GGF und die GmbH sicherer. Auf der einen Seite kann dem GGF diese für den Insolvenzfall verpfändet werden. Anderseits steht dem Unternehmen für die Zahlung der Versorgungsverpflichtung die notwendige Liquidität zur Verfügung, ohne dass es auf den Geschäftserfolg des Betriebes ankommt. Das Risiko des vorzeitigen Versorgungsfalles kann zudem auf das Versicherungsunternehmen ausgelagert werden. Wird die Pensionszusage regelmäßig überprüft und die Verpflichtungen genau analysiert, können die Risiken der Zusage eingeschränkt werden und der GGF hat eine sehr gute Möglichkeit für sein Ruhestandsalter vorzusorgen.

6 Literaturverzeichnis

Ahrend, P/ Förster, W/ Rühmann, J u.a.:   Betriebsrentengesetz, Gesetz zur Verbesserung der betrieblichen Altersversorgung, Kommentar, Verlag C.H. Beck, 10.Auflage, München, 2005

Beck, H-J: Pensionszusage, in Drols, Wolfgang (Hrsg.): Handbuch betriebliche Altersversorgung, Gabler Verlag, 2., aktualisierte und erweiterte Auflage, Wiesbaden, 2005, S.519-581

Beck, H-J/ Henn, R: Pensionszusage – richtig gemacht, Treffpunkt–Media-Verlag, 1.Auflage, Flein, 2001

Blome, S: Asset Liability Management in der betrieblichen Altersversorgung, Die Direktzusage, Universität Ulm, Fakultät für Mathematik und Wirtschaftswissenschaften Sektion Aktuarwissenschaften, 2004

Buttler, A: Einführung in die betriebliche Altersversorgung mit allen Änderungen durch das Alterseinkünftegesetz, Verlag Versicherungswirtschaft GmbH, 4.neu bearbeitete und erweiterte Auflage, Karlsruhe, 2005

De Backere, R/ Klemme, G: Die Direktversicherung, in Drols, Wolfgang (Hrsg.): Handbuch betriebliche Altersversorgung, Gabler Verlag, 2., aktualisierte und erweiterte Auflage, Wiesbaden, 2005, S.635-652

Doetsch, P. A.:   Versorgungszusagen   an   Gesellschafter-Geschäftsführer und Vorstände, Verlag Versicherungswirtschaft, 5., neu bearbeitete Auflage, Karlsruhe, 2004

Ernst&Young, Verband Deutscher Rentenversicherungsträger (VDR), M&L Gesellschaft für Versicherungsmathematik mbH:

Ratgeber zur Altersvorsorge, Rentenreform 2004 und Alterseinkünftegesetz, 2.Auflage, Stollfuß, 2004

Gigl, M/ Wid, B:Modelle der betrieblichen Altersversorgung, Ein Leitfaden für Unternehmen und deren Berater, Deutscher Sparkassen Verlag GmbH, 5., überarbeitete und aktualisierte Auflage, Stuttgart, 2005

Haufe Verlag: Praxishandbuch, Betriebliche Altersversorgung, Loseblattsammlung, Stand Oktober 2005

Kerschbaumer, J/ Perreng, M: Die neue betriebliche Altersvorsorge, Bund-Verlag, 2., überarbeitete und aktualisierte Auflage, Frankfurt am Main, 2005

Kisters-Kölkes, M: Arbeitsrecht und betriebliche Altersversorgung durch Entgeltumwandlung, in Drols, Wolfgang (Hrsg.): Handbuch betriebliche Altersversorgung, Gabler Verlag, 2., aktualisierte und erweiterte Auflage, Wiesbaden, 2005, S.59-98

Kreutz, J: Die Unterstützungskasse in der betrieblichen Altersversorgung, in Drols, Wolfgang (Hrsg.): Handbuch betriebliche Altersversorgung, Gabler Verlag, 2., aktualisierte und erweiterte Auflage, Wiesbaden, 2005, S.583-608

Meier, K: Finanzierungsrisiken des Arbeitgebers bei Versorgungszusagen, in Drols, Wolfgang (Hrsg.): Handbuch betriebliche Altersversorgung, Gabler Verlag, 2., aktualisierte und erweiterte Auflage, Wiesbaden, 2005, S.233-253

Poppelbaum, E: 100 Fragen zur Sozialversicherungsfreiheit in der GmbH, Plädoyer für eine optimale Neugestaltung der Versorgung, Verlag Versicherungswirtschaft, 2.Auflage, Karlsruhe, 2004

Poppelbaum, E: 100 Fragen zur privaten und betrieblichen Versorgung des GGF/GF und seiner Angehörigen, Verlag Versicherungswirtschaft, 4.Auflage, Karlsruhe, 2002

Schmitz, J-P/ Laurich, M: Die Pensionskasse - ein weiterhin sehr attraktiver Durchführungsweg der betrieblichen Altersversorgung, in Drols, Wolfgang (Hrsg.): Handbuch betriebliche Altersversorgung, Gabler Verlag, 2., aktualisierte und erweiterte Auflage, Wiesbaden, 2005, S.655-689

Sprenger/ Steuerer/ Hartmann/ Rambach/ Goebel: GmbH aktuell 2005, Alle Änderungen: Personal – Steuern – Verjährungsfristen, WRS Verlag, Planegg, 2005

Stubben, H-D: GGF-Versorgung in der betrieblichen Altersversorgung, in Drols, Wolfgang (Hrsg.): Handbuch betriebliche Altersversorgung, Gabler Verlag, 2., aktualisierte und erweiterte Auflage, Wiesbaden, 2005, S.455-494

Wallau, F/ Paffenholz, G: Der mittelständische bAV-Kunde, in Drols, Wolfgang (Hrsg.): Handbuch betriebliche Altersversorgung, Gabler Verlag, 2., aktualisierte und erweiterte Auflage, Wiesbaden, 2005, S.3-41